COURS

DE

DROIT PUBLIC.

COURS

DE

DROIT PUBLIC.

Le seul moyen de délivrer les gouvernés et les gouvernans des fléaux qui les poursuivent, consiste à substituer, en ce qui concerne le système social, l'évidence aux opinions.

TOME PREMIER.

A PARIS,

Chez Madame HUZARD, Libraire, rue de l'Éperon, No. 11, faubourg Germain.

AN XI.

PROSPECTUS.

Décider le genre humain à se conformer à l'intention de Dieu, assurer aux propriétés un respect unanime et permanent, tel est l'objet de la *science du droit public.*

Toute science exige la connoissance des faits qui l'intéressent, et l'exactitude des expressions.

Mais la valeur des mots nécessaires à l'étude du *droit public*, étant fixée, les événemens eux-mêmes conduisent l'esprit humain à la connoissance du moyen, le seul capable d'établir la garantie des propriétés sur une base universelle, immuable, indestructible.

COURS DE DROIT PUBLIC.

Ier. VOLUME.

Première Partie.

Introduction.

Répertoire politique et moral.

A 3

VIe. VOLUME et volumes suivans.

CINQUIÈME PARTIE.

Notice des écrits sur l'économie,
sur la politique et sur la morale.

INTRODUCTION.

Le 1er. frimaire an 8.

Lᴇ genre humain est-il irrévocablement condamné au tourment de s'offenser, de se persécuter et de se mépriser lui-même? Ou bien, après avoir été, depuis tant de siècles, inconsidéré, vicieux, criminel et misérable, doit-il encore se flatter de s'établir dans la jouissance des prérogatives que la raison lui réserveroit?

Cette question n'a jamais été approfondie que par un petit nombre d'hommes, par les philosophes : les peuples manquèrent même de l'idée du besoin de l'examiner; et quand les rois, ainsi que leurs ayant-cause, y pensoient, c'étoit pour empêcher le progrès des connoissances capables de la résoudre.

La crédulité, ainsi que la mauvaise foi, voulant l'une et l'autre justifier ses inconsé-quences, n'hésitent jamais d'en accuser Dɪᴇᴜ ou la nature.

Mais la philosophie analyse les faits, et ap-précie les résultats dans l'intention de perfectionner la science du gouvernement; elle substitue, en tout ce qui concerne le système social, l'évidence aux opinions, et elle avertit de leurs droits, conséquemment de leurs devoirs, les hommes qui aiment à profiter d'une telle instruction.

Aujourd'hui la philosophie dispose librement du moyen d'universaliser la communication des principes du système social; la philosophie établira donc l'ESPRIT qui émane de la vérité, l'ESPRIT qui agit par l'évidence, l'ESPRIT qui se subordonne les autres pouvoirs à mesure que les nations acquièrent la connoissance des facultés et des besoins de l'homme, la connoissance du vœu de la nature et des commandemens de DIEU.

Cependant la prévention, ou la perfidie, ne permet point aux partisans des priviléges de distinguer la cause qui jusqu'au XVIIIe. siècle avoit produit les mêmes effets, d'avec celle qui amène des résultats absolument nouveaux : Non, les aristocrates ne peuvent reconnoître la cause qui forçoit les peuples se gouvernant eux-mêmes, à faire tant de sottises, et qui perpétuoit la nullité morale des peuples gouvernés soit par un, soit par plusieurs chefs; conséquemment les aristocrates ne peuvent pas non plus reconnoître la cause qui de nos jours élève le peuple Français au sentiment des droits de l'homme et à la certitude de les établir.

L'expérience des siècles n'est, ainsi que *l'expérience d'un seul jour,* si la raison n'en fait une juste application, qu'un poignard à plusieurs tranchans ; l'ignorance ne se persuade pas moins que des événemens, par cela seul qu'ils n'auroient pas encore eu lieu, n'arriveront jamais, ou que telles circonstances seront toujours immuables, parce qu'elles ont subsisté jusqu'à présent.

Pour obtenir de l'expérience des renseignemens et des inductions qui puissent nous guider fidèlement, il faut avoir examiné les faits sous tous les rapports, saisi leurs causes, médité les modifications et les combinaisons dont elles sont susceptibles. Cette méthode de raisonner l'histoire est elle-même le calcul des résultats, que telle ou telle découverte, tel ou tel concours de circonstances doit lancer dans l'avenir.

Sans doute les ambitieux n'ont jamais provoqué aux révolutions que pour les décider à leur profit, et, jusqu'à ce siècle, ils pouvoient les entreprendre sous les prétextes les plus

absurdes : mais, de notre tems, la nation
Française n'a pu être soulevée ni sous le
prétexte d'un intérêt personnel à quelqu'individu, ni sous le prétexte des opinions sacerdotales : pour donner la commotion qui
oblige le très-grand nombre à agir de con-
cert, il a fallu proclamer un *principe politique et moral*, un principe qui intéressât
réellement le genre humain, les DROITS DE
L'HOMME.

Et une nation qui possède un assez grand
nombre d'hommes capables de faire apprécier
l'excellence et les prérogatives de la nature
humaine; une nation qui en même tems maintient son indépendance, la souveraineté, par
la force des armes, ne reconnoîtra bientôt
d'autre empire que celui des lois que sanctionne l'évidence des principes absolument
conformes à l'intérêt du genre humain.

Oui, quand des millions d'hommes sont
assez avancés dans la civilisation pour examiner eux-mêmes le monstre *féodo-presbytéral*, monstre *ennemi perpétuel des peuples
et des rois*, le prestige tombe et le monstre
féodo-presbytéral disparoît pour toujours.

Le presbytéralisme est si virulent, si dé-
létère, qu'il corrompt et avilit les rois et les

peuples. Forçant les peuples à renoncer solemnellement au bon sens, il réduit les rois à
respecter et à faire respecter l'imposture et la
superstition, sources des crimes les plus abominables.

Sans le prétexte du besoin d'une *révélation*, sans le prétexte du besoin du prestige,
les calculs des hypocrites et de tous les scélérats manqueroient de base, de complices et
d'instrumens; loin de pouvoir commettre leurs
attentats, ils ne se donneroient point la peine
inutile de les méditer.

L'usage de la pleine raison est essentiel à
la liberté, à la dignité, à la sécurité des rois,
comme à la liberté, à la dignité, à la sécurité
des nations.

Grace aux philosophes, plusieurs rois parvinrent, après l'invention de l'imprimerie, à
se soustraire au despotisme des papes : mais
les rois ne s'éclairèrent pas assez pour mépriser également toutes les opinions sacerdotales,
ou ils n'osèrent pas se croire assez puissans
pour les rejeter ouvertement.

Ce ne fut que l'an quarante du XVIIIe.
siècle, que ce phénomène se présenta.

FRÉDÉRIC, dès son avènement au trône,

conforma la politique à son caractère magnanime ; il manifesta son aversion contre toute espèce de jonglerie, et spécialement contre les cultes presbytéraux.

Les rois imiteront ce grand homme ; comme Frédéric, ils se démontreront que le besoin d'être gouverné est inséparable de l'état social ; que c'est sur ce besoin que leurs droits, leur pouvoir, leur autorité se fondent, et non sur une *révélation*.

Comme Frédéric, ils connoîtront toute l'importance de leurs devoirs ; comme Frédéric, ils s'occuperont avec une assiduité persévérante des travaux qu'impose la royauté ; comme Frédéric, ils acquerront un sentiment exquis du pouvoir que la raison et le bon exemple du prince peuvent exercer ; comme Frédéric, ils avanceront le perfectionnement du genre humain, et comme lui, ils seront dignes de sa reconnoissance et de sa vénération.

Si la nouveauté et la grandeur de l'expérience Française ont étonné l'Europe, les principes qui la rendront décisive, doivent nécessairement avoir une heureuse influence sur toutes les nations.

Avec un héritier présomptif, ainsi qu'avec une famille royale, se dépravant par l'éducation la plus détestable dès le berceau, se blasant en la première jeunesse, n'ayant l'idée d'aucun devoir que de celui de soutenir l'imposture et les abus; avec de tels princes et dans de telles circonstances, le gouvernement ne pouvoit qu'être opposé à l'intérêt de l'humanité.

Ambigu dans tous ses rapports; compliqué de *deux premiers ordres* et d'autres autorités parasites; perpétuant ses perplexités avec le malheur du peuple, ce gouvernement forçoit tous les individus à être ou sots, ou fripons : mais les fripons sont des sots eux-mêmes.

Le dernier résultat d'un tel gouvernement dut être une crise révolutionnaire, qui obligeât les Français à trouver les vérités fondamentales de la SCIENCE DE SE FAIRE GOUVERNER, à trouver tous les PRINCIPES du SYSTÊME SOCIAL et à les présenter avec les caractères de l'évidence.

I. L'homme a des facultés par lesquelles il peut pourvoir à tous ses besoins ; conséquemment les droits de l'homme ont une base.

II. L'homme ne peut pourvoir à tous ses

besoins, qu'en faisant valoir ses facultés à son plus grand avantage; conséquemment les devoirs de l'homme ont un motif.

III. L'homme qui sait bien entendre son intérêt, et qui jouit du droit de s'y conformer, possède la propriété la seule valable pour répondre à la société de son obéissance aux lois protectrices de toutes les propriétés.

IV. La souveraineté appartient à la faculté de posséder la masse entière de toutes les propriétés, et cette faculté n'existe que dans le peuple. En lui réside la puissance sans laquelle toute autre puissance s'affaisse et s'anéantit; lui seul peut cultiver et conserver les propriétés territoriales, donner tout accroissement aux propriétés qui sont inhérentes à l'organisation humaine, et, de génération en génération, transmettre l'ensemble des propriétés de tout genre dans leur plénitude; lui seul peut donc acquérir un pouvoir assez énergique et assez durable pour assurer à l'exercice de la souveraineté un respect permanent.

V. Jusqu'à ce que le peuple ait appris à conformer son vœu matériel à son vœu intentionnel, ses législateurs et ses gouvernans
doivent

doivent n'obéir qu'à son vœu intentionnel, vœu qui n'est autre que le desir de ne pas sé méprendre sur les moyens d'assurer son intérêt.

VI. Un gouvernement lui - même éclairé et bien intentionné, aura d'autant plus de force, que l'instruction du peuple sera plus avancée.

VII. Le gouvernement qui demeure au-dessous des progrès de l'esprit humain, devient caduc.

VIII. Chez une nation qui a mis en valeur les propriétés facultatives, les propriétés inhérentes à l'organisation de l'homme, *et qui est assez puissante, soit par elle-même, soit par ses alliés, pour n'avoir aucune invasion à souffrir,* les propriétés materielles *sont à jamais inviolables.*

Empereurs et rois! bénissez la philosophie, l'art typographique et le progrès de la civilisation.

Vous n'êtes pas, ainsi que le furent vos prédécesseurs, contraints à vous placer sous l'égide des opinions les plus absurdes; des opi-

nions qui sont la cause et le soutien des intérêts mal entendus, de la bassesse des sentimens, de tous les crimes, de tous les attentats;
en un mot, la cause elle-même du bouleversement des empires.

Vous qui aujourd'hui exercez le pouvoir
suprême, aujourd'hui vous pouvez assurer à
votre autorité un amour et un attachement inviolables.

Aujourd'hui le système social, le système
absolument conforme à tous les intérêts du
genre humain, se présente sans lacune, et le
motif de respecter les propriétés inhérentes à
l'organisation de l'homme est évident; par cela
même la garantie des propriétés matérielles
s'établit sur une base universelle, immuable,
indestructible.

Résumons : des faits et des raisonnemens
exacts ont mis un certain nombre d'hommes
en possession des connoissances qui complè-
tent le SYSTÊME SOCIAL; cela ne suffit pas :
pour que la VÉRITÉ satisfasse à son objet,
pour qu'elle établisse le genre humain dans
la jouissance de tous ses droits, elle ne peut
demeurer concentrée parmi le petit nombre
d'hommes qui savent la chercher et la trouver;

elle doit se manifester au peuple en masse, aux nations elles-mêmes; car ni le pauvre ni le riche n'offre à la société une responsabilité effective, jusqu'à ce que l'un et l'autre aient appris à se démontrer que, pour *procurer un respect permanent aux propriétés matérielles, aux propriétés mobiliaires et territoriales, il est indispensable de réaliser le respect des propriétés facultatives, des propriétés inhérentes à l'organisation de l'homme.*

Mais alors l'instruction nationale aura rempli son objet; la nation entière aura acquis la connoissance des premiers élémens de l'état social.

Les hommes opulens seront affranchis de la croyance au besoin du prestige, croyance qui les autorisait à résister aux lois divines et humaines, à être stupides et pervers.

Les hommes qui ne possèdent que les propriétés inhérentes à l'organisation de l'homme, offriront à la société et au gouvernement une responsabilité complète; car la raison de chaque homme sera cultivée.

Le gouvernement pourra donner à chaque citoyen la certitude que toutes les causes, tous les pouvoirs capables d'assurer le respect pour ses propriétés, co-existent.

La garantie étant conforme à la justice, à la morale, au vœu de la nature, à l'intention de Dieu ; étant fondée sur l'intérêt évident et personnel de chaque associé au pacte social, sera indestructible, elle se perpétuera par un assentiment éclairé et unanime, et qui se succédera de génération en génération.

Ce sera ainsi que l'action de tous les principes du systême social substituera l'évidence aux opinions ; conséquemment la bonne foi et les bonnes mœurs à la doctrine double, à l'impiété, à tout esprit de faction et de vertige.

L'habitude de la bonne foi et des bonnes mœurs influe chaque jour avantageusement sur les facultés intellectuelles : le bon usage des facultés intellectuelles fait trouver les bonnes lois, ainsi que toutes les institutions salutaires, et constamment il fait observer les commandemens de Dieu.

La théorie de la MORALE, de la science de l'intérêt du genre humain, de la science de faire valoir les facultés de l'homme à son avantage, se cultivait il y a vingt siècles ; mais l'imprimerie manquait ; et la morale, pour établir son pouvoir, a besoin de communiquer ses principes aux nations elles-mêmes.

Les succès du 18 brumaire certifient qu'en France, la force est au commandement de la raison, que conséquemment la morale y établira son pouvoir.

C'est à juste titre que BONAPARTE, sublime dans ses conceptions, héroïque dans ses exploits, a surnommé la nation Française LA GRANDE NATION. Son génie l'avoit averti que les principes du systême social et la simultanéité de leur communication détermineroient les Français à décider le triomphe de l'évidence sur les opinions, le triomphe de la cause des nations sur leurs ennemis, sur l'ignorance et sur les sophismes.

Citoyens! réunissons-nous à tous les hommes que l'élévation des sentimens rend capables d'étendre et d'accélérer la communication des vérités politiques et morales; portons aux archives des droits du genre humain le tribut des connoissances qui font aimer et vénérer l'empire de la raison, et conséquemment le despotisme des lois qu'elle aura dictées.

P. S. S'il y a de la netteté et de la vigueur dans les expressions dont je me sers pour énoncer les idées essentielles à la *science du droit public*, c'est qu'il importe, en toute sciénce, d'employer le mot propre. Ayons assez de mots pour rendre toutes les idées; n'en employons aucun, à moins d'y attacher un sens clair et précis : il faudra que le nombre des sots et des fourbes diminue, que les préjugés et les prétextes se dissipent, que l'usage de la pleine raison, la connoissance de l'intention de Dieu, la science de l'intérêt du genre humain, s'universalisent.

PREMIERE PARTIE

DU

COURS DE DROIT PUBLIC.

RÉPERTOIRE POLITIQUE ET MORAL.

LISTE des mots qui servent d'indication aux articles.

Abrutissement.
Abstraction.
Abus.
Administration.
Age d'or.
Ame.
Amnistie.
Anarchie.
Arbitraire.
Aristocratie.
Athée.
Autocratie.
Autorité.

Bonheur.

Calomnie.
Catéchisme.
Cause.
Certitude.
Chimère.
Circonstance.
Citoyen.
Civilisation.
Concile.
Colonies.
Concordat.
Conduite.
Conscience.
Conscription.
Conspiration.

4

Guerre.

Habitude.
Hasard.
Histoire.
Homme.
Hypocrisie.

Idée.
Idolâtrie.
Ignorance.
Illusion.
Imagination.
Imitation.
Immortalité.
Impie.
Imposture.
Impôt.
Indépendance.
Indulgence.
Inscriptions morales.
Instinct.
Institutions.
Instruction.
Insurrection.
Intention.
Intérêt.
Intolérance.

Inviolabilité.

Jurisprudence.
Justice.

Langage
Légitime.
Liberté.
Loi.
Luxe.

Métaphysique.
Méthode.
Mœurs.
Morale.
Motif.

Nation.
Nature.
Nécessité.
Noblesse.

Occasion.
Oligarchie.
Opinion.
Opposition.
Ordre.
Organe.

Orthodoxie.

Ostracisme.

PARADOXE.

Passion.

Patrie.

Pensée.

Perception.

Père. — Mère.

Perfectibilité.

Peuple.

Philosophie.

Politique.

Populace.

Pouvoir.

Pouvoir métaphysique.

Pouvoir moral.

Pouvoir politique.

Pouvoir spirituel.

Pouvoir systématique.

Préjugé.

Presbytérialisme.

Prestige.

Prétexte.

Prêtrise.

Prévarication.

Principe.

Propriété.

Providence.

Pyrrhonisme.

RAISON.

Raisonnement.

Régénération.

Relations extérieures.

Religion.

République.

Responsabilité.

Révélation.

Révolution.

Richesses.

Roi.

SACRE.

Scandale.

Secret.

Secte.

Séminaire.

Sens.

Sensation.

Sensibilité.

Sentiment.

Serment.

Social.

Sociétés politiques.

Sophisme.

Souverain.

Superstition.

Systême.

Systême de mensonge.

— Systême de vérité.

Systême social.

Terreur.

Théorie.

Unité d'action.

Usurpateur.

Vérité.

Vertu.

Vice.

Vœu intentionnel.

— Vœu matériel.

Le titre RÉPERTOIRE POLITIQUE ET MORAL justifie l'emploi fréquent des mêmes expressions et des mêmes raisonnemens, si ces expressions et ces raisonnemens sont exacts.

La méthode, quand il s'agit des notions élémentaires, ne sauroit être trop rigoureuse ; c'est qu'alors il est essentiel de ne se servir d'aucun mot sans y attacher un sens clair et précis, et de ne présenter aucun énoncé sans en apprécier la valeur : mais aussi, en établissant les inductions, n'y a-t-il rien de mieux à faire que d'employer à chaque occasion et ces mots et ces énoncés, tout comme les calculateurs font usage des mêmes chiffres, des mêmes signes, pour toujours indiquer le même nombre ou la même valeur.

Les événemens avancent la science du DROIT PUBLIC avec tant de rapidité, qu'il est indispensable d'indiquer le tems auquel se sont rédigés les mémoires sur les résultats de notre révolution : voilà pourquoi toutes les parties du COURS DE DROIT PUBLIC, et même plusieurs articles du Répertoire Politique et Moral, portent leur date.

Abrutissement. — La continuité de l'inertie des facultés sensitives et intellectuelles se nomme *stupidité*; *l'abrutissement*, c'est leur dégradation.

Sans doute la destinée d'un individu dépend de sa conduite; mais sa conduite dépend d'influences auxquelles lui seul ne peut point se soustraire; et, jusqu'à nos jours, les personnages qui exerçoient la souveraineté ont environné les nations de circonstances odieuses, perplexes, funestes; mais le genre humain est arrivé à l'époque où les ressources de l'insolence et de l'imposture devoient s'user, où conséquemment s'écroulera tout gouvernement vicieux par sa base et criminel par ses intentions. *Voyez* Civilisation.

ABSTRACTION. — *Terme didactique. Séparation que l'esprit fait d'une qualité, d'une propriété, etc. d'avec le sujet où elle est inhérente.*

Le bon usage de l'esprit devoit conduire à une méthode qui facilitât la recherche de la vérité, assurât sa découverte et son empire. Cette méthode s'appelle *la métaphysique.*

Cette méthode veut que nous acquérions

une connaissance complète de tous les objets qui intéressent le raisonnement que nous avons à faire; que nous trouvions les idées dont nous avons besoin; que le même terme serve constamment selon la même valeur, et que nous ayons des termes en assez grand nombre pour que toutes les idées soient énoncées avec une netteté laconique : voilà pourquoi les objets sont alors uniquement considérés dans les parties et selon les qualités qui intéressent le raisonnement à faire; et de là ce que les logiciens appellent *abstraction.*

La métaphysique ne transige jamais; elle commande la même exactitude, la même inflexibilité que le calcul arithmétique.

Ce sera ainsi que la justesse du raisonnement et la présence de tous les principes du système social établiront les institutions les plus salutaires, conséquemment les bonnes lois, et y attacheront un respect permanent, un respect inaltérable, un respect fondé sur l'intérêt évident du genre humain.

Sans l'assentiment unanime des nations aux principes du système social, l'inviolabilité de l'homme gouvernant, ainsi que celle de l'homme gouverné, n'a qu'une garantie précaire. Cependant il est des hommes que l'égoïsme le plus fatal, le plus insensé, le plus

périlleux, aveugle si complètement, qu'ils veulent avoir des avantages incompatibles avec
l'intérêt du genre humain, tandis qu'ils ne
peuvent posséder ces prétendus avantages, ni
même les desirer, qu'en dépit du vœu de la
nature, qu'en faisant le sacrifice de l'intérêt
le plus précieux, le sacrifice du bonheur.

Oui, telle est l'essence de la destinée, l'essence de la nécessité, l'essence de DIEU; telles
sont les lois inhérentes à l'organisation de
l'homme : le bonheur ne peut exister que par
l'accord des pensées et des actions avec la
pleine raison; que par l'observance du précepte : *Ne faites pas à autrui ce que vous ne
voulez pas qu'il vous soit fait.*

La bassesse des sentimens, la mauvaise
intention, l'ambition criminelle se trahissent
elles-mêmes par le caractère des *abstractions*
auxquelles se confient les individus qui veulent en imposer.

Prenons pour exemples les écrits que les
agens des *deux premiers ordres,* ainsi que
les agens de LOUIS XVI, ont publiés avant et
pendant la révolution. Ces messieurs étoient
de grands faiseurs d'*abstractions.* Ils les fai-
soient, non pour trouver ou pour démontrer
la vérité, mais pour conserver des priviléges

absurdes et odieux : aussi leurs *abstractions*
étoient-elles si impertinentes, que la fourberie dut percer à chaque phrase.

Chez un peuple qui s'éclaire sur son intérêt, l'individu qui employe le mot *abstraction* à contre-sens, manifeste le défaut d'instruction, et celui qui fait des *abstractions* afin
d'établir ou de soutenir un sophisme, décèle
sa mauvaise foi. *Voyez* Métaphysique, Morale, Principe, Propriété, Religion.

ABUS. — Les *abus* majeurs sont les résultats d'une connivence entre un plus ou moins
grand nombre d'administrateurs et de trai-
tans, à l'effet de se procurer réciproquement
des produits pécuniaires et toutes sortes de
priviléges, aux dépens du public assez sot
pour se laisser vexer et piller.

Chez les nations assez avancées pour entreprendre la réforme des *abus,* l'esprit public
commencera par soumettre les prêtres aux lois
que dicte la pleine raison ; alors nul obstacle
n'empêchera plus l'entendement humain de
remonter à la source des autres *abus,* de les
attaquer et de les écarter. *Voyez* Dieu, Droit,
Instruction, Intérêt. *Voyez* Résultats de
l'instruction, vol. V.

ADMINISTRATION.

ADMINISTRATION. — *Voyez* Gouvernement, Principe, Système social.

AGE D'OR. — L'*âge d'or* remonte, ainsi
que le *péché originel*, à nos premiers parens :
cela doit être ; car il appartient aux systêmes
fabuleux de se démentir les uns les autres.
Voyez Civilisation, Intérêt, Nature. *Voy.*
Hist. de l'Esprit et des Moeurs des Nations, vol.

AME. — Notre *ame* nous annonce son
existence par l'ensemble ou par quelques-unes
de nos perceptions : nos perceptions sont dé-
pendantes de la disposition de nos organes,
et nos organes sont soumis à des lois cons-
tantes et inflexibles. En conséquencé de ces
lois, notre constitution individuelle, l'éducation, l'exemple, l'occasion donnent des habitudes, et les habitudes, soit bonnes, soit
mauvaises, nous dominent ; en conséquence
des mêmes lois, l'homme criminel fuit sa
conscience qui le tourmente ; en conséquence
des mêmes lois, la conscience de la vertu et
l'estime de soi-même sont inséparables de
l'attachement à ses devoirs ; en conséquence
de ces mêmes lois, l'idée de l'immortalité de
l'*ame* augmente le charme du souvenir de

C

nos bonnes actions; et en conséquence de ces mêmes lois, l'idée de l'immortalité de *l'ame* ajoute au trouble, au supplice qui suivent le crime, qui même commencent avec l'intention de le commettre. *Voyez* Faculté, Immortalité, Sentiment.

AMNISTIE. — *Voyez* Hist. de l'Esprit et des Mœurs des Nations, vol.

ANARCHIE. — *Voyez* Aristocratie.

ARBITRAIRE. — Plus une science est difficile et importante, plus *l'arbitraire* la rend dangereuse et fatale. *L'arbitraire* contrarie donc et *méphitise* la science du gouvernement; car *l'arbitraire* est l'ennemi du genre humain; il est l'ennemi des bienséances, des devoirs, de l'ordre et de l'économie.

Si vous savez que le choix d'une méthode ne peut être fait que par ceux qui sont bien intentionnés et qui connoissent les principes ainsi que les règles de la science à laquelle il s'agit d'appliquer cette méthode, vous savez aussi pourquoi *la science du gouvernement* n'a été, jusqu'à nos jours, qu'une science occulte, et si contraire à son objet, qu'elle sembloit n'être qu'un système inventé pour assurer l'impunité à l'ineptie, aux passions, aux caprices et à la perfidie des gouvernans. *Voyez* Gouvernement, Nature, Théorie.

ARISTOCRATIE. — La superstition et la terreur, filles de l'ignorance, ont autorisé l'imposture; l'imposture a produit ce *monstre* qui a forcé le genre humain à devenir ennemi de soi-même; à devenir vicieux, fanatique, criminel et misérable.

Ce *monstre* infâme, sous un titre pompeux, sous le titre d'*Aristocratie*, s'est emparé de la domination universelle.

L'*aristocratie*, par cela même qu'elle est inséparable de la perversion de l'instinct humain; par cela même qu'elle s'oppose aux principes du systême social; par cela même qu'elle retient les peuples dans l'ignorance de leurs droits et de leurs devoirs, engendre les factieux, et fait pulluler les brigands subalternes : mais, *de par la destinée,* les révolutions ne se feront à l'avenir que pour écarter les personnages qui, en dépit des progrès de l'esprit humain, se hasardent encore d'en imposer aux nations.

Aujourd'hui les Français connoissent le danger d'adhérer aux opinions; ils apprécient les choses par leurs effets, et ils se démontrent qu'*anarchie* et *aristocratie* sont, par leur motif et par leurs résultats, syno-nymes; mais la différence des formes fait appeler *anarchistes* les hommes qui *offensent l'humanité passagèrement, par occasion,* c'est-à-dire, *les hommes qui ne sont que des aristocrates de hasard,* tandis que les hommes qui, en conséquence de l'antique conjuration entre les prêtres et les autres exclusifs, *lèsent l'humanité sans intervalle,* se sont eux-mêmes intitulés *Aristocrates.*

Nous savons que le mot *aristocratie,* pris selon le sens étymologique, signifie *force, puissance, gouvernement des grands, des sages;* mais nous savons aussi qu'un gouvernement dont les gérens en imposent au peuple, et conséquemment le retiennent dans l'ignorance de ses facultés, de ses droits et de sa force, est un gouvernement opposé aux intérêts du genre humain.

Nous savons que ce n'est que par son instruction, qu'un peuple peut se garantir de l'imposture, de l'arbitraire, de la violence : car quelle que soit la forme d'un gouvernement, quelle que soit la dénomination qu'il porte, si le peuple demeure dans son igno-ronie, ceux qui le gouvernent continuent à le tromper.

Concluons que les ennemis du peuple doivent nécessairement se trahir; ils sont forcés à nier Dieu; car ils sont forcés à soutenir que Dieu a refusé au genre humain la capacité de recevoir l'instruction dont il a besoin pour connoître son véritable intérêt.

Ces gens sont désignés en Europe par les mots *aristocrates* et *anarchistes : les aristocrates* afin de maintenir ou de faire revivre les abus les plus exécrables et qui leur sont si chers; les *anarchistes* afin de profiter des désordres que l'*aristocratie* occasionne en s'obstinant à conserver des titres odieux et caducs, ont besoin, les uns et les autres, que le peuple soit stupide et abject : l'instruction du peuple anéantit également toutes leurs prétentions. *Voyez* Droit, Faction, Garantie, Gouvernement.

ATHÉE. — *Voyez* Dieu, Civilisation. *Voyez* vol. II, page 163 et suiv.

AUTOCRATE. — *Autocrate* veut dire *tout-puissant de sa personne seule*. L'autocratisme est le moyen le plus expéditif pour civiliser des peuples barbares, et les porter au niveau des connoissances acquises chez les nations les plus éclairées.

AUTORITÉ. — *Voyez* Légitime, Pouvoir systématique, Unité d'action.

Bonheur. — Le *bonheur* naît de cette disposition de nos organes et des objets externes qui établissent la série la plus durable de sensations propres à procurer le plus grand bien-être ; conséquemment à accorder les pensées et les actions de l'homme avec l'intention de Dieu, avec le vœu de la nature, avec les principes du système social.

Mais jusqu'à nos jours les opinions, les exemples et les habitudes ont dépravé les facultés sensitives et intellectuelles, dépravé l'instinct et la conscience ; et jusqu'à nos jours les opinions, les exemples et les habitudes ont intercepté les sources du *bonheur*.

Le *bonheur* exige l'accord des pensées et des actions de l'homme avec sa conscience et avec la conscience du genre humain ; il exige donc que le genre humain se communique les principes du système social ; car ce n'est que par eux que la conscience du genre humain peut devenir une.

Nous, Français, ne profiterons-nous pas de l'occasion qui nous autorise, qui nous sollicite, qui nous commande de sortir du mépris de nous-mêmes ? qui nous commande d'écarter l'ignorance, la superstition et l'hypocrisie?

Sachons nous former des idées exactes sur les facultés qui dérivent de l'organisation de l'homme, ainsi que sur les circonstances qui en favorisent ou qui en contrarient le bon usage, et nous nous empresserons de modifier toutes les causes politiques, conséquemment l'action de l'homme sur l'homme, selon notre intérêt et selon celui du genre humain; par cela même, nos pensées, nos goûts et nos plaisirs s'épureront; ainsi que nos devoirs, ils s'accorderont avec la pleine raison, avec l'intention de Dieu, avec les principes du système social; alors nous aurons trouvé le *bonheur*, et nous le communiquerons; car nous apprendrons à tous les peuples civilisés que, pour s'en assurer, ils doivent vaincre leurs ennemis les plus redoutables, l'ignorance et les vices. *Voyez* Intérêt, Nature, Philosophie. *Voyez* de la Science du Bonheur, vol. II, page 161 et suiv.

Calomnie. — La calomnie ne nuit guère chez une nation où la presse est libre; cependant, dans un état où les bonnes lois ne manquent point, l'homme calomnié doit avoir la certitude de faire punir le calomniateur.

PLUTARQUE et beaucoup d'anciens pensoient que *la calomnie peut procurer des avantages à celui qui en est l'objet.*

Cette maxime est rigoureusement applicable aux personnages qui gouvernent.

Si la *calomnie* ne leur devient pas profitable, c'est de leur faute : ils n'ont pas le courage de se soustraire aux influences qui les entraînent à composer avec les opinions ; ils ne savent pas écarter les occasions du scandale.

Que nos premiers magistrats se conforment constamment aux intérêts de la nation, et la nation leur fera justice de la *calomnie ;* ce sera en connoissance de cause, que la nation leur vouera son respect ; son respect les accompagnera naturellement ; il les suivra comme l'ombre suit le corps. *Voyez* LIBERTÉ DE LA PRESSE.

CATÉCHISME. — Jusqu'à nos jours, l'homme recevoit sa première instruction de l'hypocrisie, du fanatisme, ou de la routine, et cette instruction s'appeloit *Catéchisme.*

Selon l'*Église Catholique*, il y a une *trinité ;* c'est-à-dire *il y a trois personnes en Dieu.*

« *Dieu le fils,* ou notre seigneur Jésus-

Christ, a été conçu par la vertu miraculeuse de *Dieu Saint-Esprit*; il est né de sa mère, demeurant vierge; il est venu au monde pour nous racheter de l'esclavage du Démon, auquel Adam nous avoit vendus en mangeant du fruit défendu; et ce fruit n'étoit pas plus mauvais que la chair en carême. Le même seigneur Jésus-Christ a enduré mort et passion sur la croix; mais il n'a enduré mort et passion qu'étant homme selon le corps et l'ame; sa divinité n'a rien enduré. Notre seigneur Jésus-Christ est par-tout, comme Dieu; tant qu'homme, il est au ciel à la droite de *Dieu le père*; il est aussi quelque part sur la terre, savoir au saint-sacrement de l'autel, et à la messe en l'hostie et au calice, après la consécration (*) ».

Cet échantillon nous suffit.

Le pouvoir presbytéral n'a pu s'établir qu'en forçant l'homme à se séparer de la RAISON, à la lui faire craindre, à la lui faire fuir; et le seul expédient capable de produire un résultat si affreux, ce fut de forcer l'homme à fixer son respect et son attachement sur des

---

(*) Catéchisme, ou Sommaire de la Doctrine chrétienne, revu par l'ordre de son altesse monseigneur l'archevêque duc de Cambray.

mystères; en un mot, de forcer l'homme à croire ce qui est incroyable.

L'origine de toutes les croyances est la même quant à l'invention des mystères, et quant au moyen par lequel ces mystères se sont accrédités; mais les sectes presbytérales se sont tellement multipliées, qu'il faut les compter par milliers (*).

Ces milliers de sectes, ainsi que les croyances qu'elles supposent, se sont établies parce que les hommes en masse étoient ignorans et couards. Quelques personnages astucieux, ou eux-mêmes fanatisés, ont pu abuser de la multitude en lui inspirant à-la-fois et une terreur panique, et l'espoir d'une félicité ineffable et éternelle.

L'exemple et l'habitude perpétuèrent ces croyances, et l'imitation dut être aussi funeste que contagieuse dans les siècles où le genre humain méconnoissoit et ses facultés et son premier intérêt.

Un objet d'imitation ne pouvoit alors se changer qu'en y substituant quelqu'autre objet non moins absurde; mais, grace à l'*im-*

____

(*) Il en sera traité dans cette partie du *Cours de Droit public*, qui présentera *l'histoire de l'esprit et des mœurs des nations.*

primerie, aujourd'hui il n'en est pas de même ;
il n'y a pas de contrée en Europe où il ne se
trouve des hommes qui répugnent à toutes les
croyances presbytérales. L'époque est donc
réellement arrivée où l'autorité sage et vigoureuse peut faire succéder des exemples neufs,
généreux et salutaires, aux exemples antiques,
impertinens et pernicieux.

Il importe essentiellement au genre humain,
que l'autorité substitue aux *catéchismes presbytéraux*, un *catéchisme* où les enfans puissent apprendre quels sont leurs devoirs et
envers leurs parens et envers la société ; un
catéchisme où la MORALE soit enseignée avec
la simplicité, la clarté, la pureté qu'elle exige
pour ne rien perdre de son efficacité.

Abstenons-nous de faire à un enfant des
questions auxquelles on ne lui auroit appris
à répondre que de mémoire ; sur-tout abstenons-nous de lui inculquer des contre-sens,
des absurdités ; nous ferions avorter, ou nous
rendrions monstrueux le germe de ses facultés sensitives et intellectuelles.

Demandons à un enfant ce qu'il est lui-
même ; aidons ses réflexions et son jugement :
l'enfant nous répondra, qu'il est ignorant,
foible, et incapable de pourvoir à ses besoins.
Vous aurez donc fait sentir à l'enfant le motif

des devoirs que son état actuel lui impose ; et
à mesure que ses facultés intellectuelles s'ac-
croîtront, vous parviendrez facilement à le
convaincre que Dieu, que la *nécessité*, que
les lois de l'organisation de l'homme veulent
que l'homme, s'il devient vicieux, soit puni
par l'habitude même que le vice fait contracter ; mais que c'est par l'usage non interrompu de la pleine raison que le bonheur se
réalise et se conserve. *Voyez* Dieu, Enfance,
Morale, Nature, Nécessité, Système social,
Vertu.

CAUSE. — Un effet est déterminé ou par
une seule *cause*, ou par plusieurs. On dis-
tingue les *causes* en physiques et en politiques. *Voyez* Nature, Théorie, Vérité.

CERTITUDE. — La seule bonne méthode
de chercher, de saisir et de démontrer les vérités politiques et morales, c'est la métaphysique. *Voyez* Métaphysique, Pyrrhonisme,
Système de mensonge — Système de vérité.

CHIMÈRE. — Symptôme des maladies de
l'imagination. Les maladies de l'imagination
sont le plus souvent occasionnées et entrete-
nues par des imposteurs ; aussi y a-t-il de la

fourberie presque par-tout où il est question de *chimères*. Remarquons encore que la crédulité, ainsi que les autres maladies de l'imagination, sont contagieuses. Quoique les objets qu'une imagination blessée se représente ne puissent pas matériellement exister, les *chimères* font cependant un mal incalculable; elles font croire aux absurdités, et c'est par elles que les intrigans se maintiennent en crédit. *Voyez* CATÉCHISME, SYSTÈME DE MENSONGE.

CIRCONSTANCE. — C'est ce qui est accessoire, et ce qui peut singulièrement modifier l'action de la chose principale.

L'homme ne peut que desirer de se voir placé dans des *circonstances* favorables à son véritable intérêt; mais *l'ignorance est la plus dangereuse des maladies de l'ame, et la source de toutes les autres* (*).

L'éducation et de l'homme riche en propriétés matérielles et de l'homme qui ne possède que les propriétés facultatives, a jusqu'à nos jours été incohérente, scandaleuse, absurde. L'aristocratisme avoit fait accroire qu'il

---

(*) BOSSUET.

y avoit quelque chose d'inconciliable dans le respect des propriétés, que conséquemment il ne pouvoit obtenir de garantie que par l'empire des opinions sacerdotales; tandis que le respect des propriétés, pour se réaliser, exige que son motif soit évident à tous les esprits; conséquemment que les nations elles-mêmes acquièrent une connoissance exacte des principes du système social.

Les richesses avec des préjugés, loin d'offrir à la société une responsabilité suffisante, occasionnent, même elles nécessitent la résistance au vœu de la nature et aux lois dictées par la raison, aux lois conformes à l'intérêt de tous les associés au pacte social; mais tout homme, pourvu que sa raison soit cultivée, et que celle de ses concitoyens le soit aussi, possède la propriété essentielle pour répondre de son obéissance aux lois divines et humaines, aux lois protectrices des propriétés facultatives et matérielles.

Que les hommes opulens s'abstiennent donc de violer le précepte : *Ne faites pas à autrui ce que vous ne voulez pas qui vous soit fait;* que les hommes opulens ne résistent plus à l'intention de Dieu qui défend à l'homme d'opprimer l'homme; que les hommes opulens renoncent pour jamais à la maxime : *il faut tromper le peuple, donc il faut des prêtres.*

Quand la vérité se manifeste à des millions d'hommes, quand des millions d'hommes acquièrent la connoissance entière du moyen d'écarter la cause de leurs plus cruelles adversités, la vérité identifie nécessairement la force publique avec la raison publique; conséquemment la politique avec la morale.

Oui, quand une nation entière sait que c'est dans l'organisation individuelle de l'homme que se trouve le motif du respect des propriétés, et que ce motif deviendra déterminant, si chaque homme en appelle lui-même à la pleine raison en tout ce qui concerne ses intérêts, le pouvoir moral s'établit nécessairement chez cette nation, et s'y perpétuera à jamais.

Les manœuvres du Cabinet de Londres ont produit des résultats absolument opposés à son infernale intention; ils ont placé les Français dans des *circonstances* qui les obligent à bien entendre leur intérêt et à se l'assurer.

Aujourd'hui en France, la *doctrine double* n'a plus d'autre pouvoir que celui d'attirer l'indignation, le mépris, le ridicule sur ses professeurs.

CITOYEN. — Chez un peuple qui ne
fait point valoir ses facultés intellectuelles;
chez un peuple qui manque de l'idée de ses
droits, de ses devoirs et de sa force, les
gouvernans, loin de pourvoir au respect des
propriétés, éprouvent la tentation, pour nous
énoncer exactement, disons, ils ont con-
tracté l'habitude de violer les propriétés.

L'intérêt du genre humain exige donc que
la perfectibilité de chaque homme soit mise
en assez bonne valeur, pour que tous acquièrent et la faculté et l'intention et la certitude d'obtenir la garantie des propriétés.

Oui, jusqu'à ce que les gouvernés et les
gouvernans conçoivent, que le respect des
propriétés exige que chaque individu soit in-
timément convaincu, soit convaincu par le
fait, que le respect des propriétés l'intéresse
personnellement, l'intéresse lui - même, et
qu'il peut concourir à sa garantie sans avoir
à craindre l'abus de l'autorité, les mots *citoyen, morale, patrie, vertu, religion, respect des propriétés* n'offriront que des idées
obscures.

Je le répète, l'intérêt du genre humain exige
que chaque homme jouisse des facultés inhérentes à son organisation dans toute leur plénitude; car en même-tems qu'il acquerra la
connoissance

connoissance du moyen de s'assurer son intérêt, et la certitude de pouvoir s'y conformer,
il acquerra celle du motif de ses devoirs ; conséquemment il acquerra la disposition permanente à concourir avec ses concitoyens au
maintien du respect de toutes les propriétés ;
par-là même à la sûreté et à la prospérité
de l'état : il deviendra donc réellement *citoyen*.

Aujourd'hui, qu'en France la nécessité commande de communiquer au peuple en masse,
au peuple lui-même, les principes du système
social, la nation Française saura bientôt se
démontrer que, pour s'assurer ses intérêts,
elle doit répugner aux opinions, aux sophismes, ainsi qu'aux promesses dont la non-
exécution pourroit se colorer sous quelque
prétexte : en peu de mots, une nation, pour
se mettre et se tenir à l'abri de la rapine, ainsi
que de tout abus d'*autorité*, doit se mettre à
l'abri de toute *mystification*.

Alors la capacité de veiller au bon ordre,
ainsi que l'intérêt à le faire, et la certitude
du succès, imposeront au peuple Français le
devoir d'exprimer hautement son indignation
contre les prévaricateurs ; alors les premiers
magistrats sentiront combien il leur importe
d'écarter jusqu'au soupçon de l'impunité du

D

brigandage; car les exemples de l'impunité du brigandage perpétuent les *déficit*, les embarras; conséquemment ils occasionnent les revers.

De nouveaux exemples de l'impunité du brigandage accuseroient nos premiers magistrats d'impéritie, ou de couardise, ou de connivence.

Tous les individus d'une nation ont besoin d'un mode de gouverner conforme à leurs intérêts communs; mais pour obliger les gouvernans à remplir l'objet d'un tel mode de gouverner, il importe essentiellement à tous les individus, que chacun commence son instruction par apprendre à *ne point admettre comme vrai ce qui répugne à la raison;* car ce n'est qu'à cette condition, ce n'est qu'en vertu de cet élément de l'éducation publique, que les *qualités qui constituent le citoyen, que la capacité et l'intention de veiller à l'ordre nécessaire au respect des propriétés,* peuvent s'acquérir. *Voyez* DROIT PUBLIC, INTÉRÊT, NATURE, SYSTÊME SOCIAL (*).

CIVILISATION. — Toi qui approchas de la *Sainte-Table* selon le *dogme de la commémoration,* qui tâtas aussi de la *présence*

(*) Cet article date de l'an 7.

réelle, et qui sus brillanter le sophisme, JEAN-JACQUES! jouis de ta gloire. *Les factieux titrés* qui crurent en la nécessité de leurs priviléges, et les *factieux intrus* qui y substituèrent des abus nouveaux, en appelèrent, les uns et les autres, à tes paradoxes.

Mais pourquoi l'académie de Dijon oublia-t-elle de faire les deux questions subséquentes à celle que tu avois traitée si éloquemment et si scandaleusement?

La *civilisation* attira de grandes calamités; cela étoit inévitable : car le faux savoir, et même la demi-science de quelques-uns, est pire que l'ignorance absolue de tous.

La civilisation sera-t-elle toujours plus nuisible qu'avantageuse au genre humain? Non.

La civilisation conduira-t-elle le genre humain à la connoissance complète de ses besoins et de ses facultés; par cela même à la conviction de l'importance et de la possibilité d'établir le pouvoir moral; de la possibilité d'accorder ses pensées et ses actions avec la pleine raison; de la possibilité de mériter et d'obtenir le bonheur? Oui.

L'ignorance est la source de tous les maux; elle contraignit nos premiers ancêtres et leurs descendans à se partager en deux classes, les oppresseurs et les opprimés, et les oppresseurs furent eux-mêmes, et ils seront toujours malheureux.

Que faire? Fuir ses semblables, s'isoler chacun? Avant que vous ne me quittiez, apprenez-moi sur quel point de surface de la terre l'homme ne rencontre pas l'homme. Dans les lieux les plus sauvages, le plus fort n'est-il pas le maître du foible?

Ravisons-nous; sachons étudier et raisonner notre triste histoire, et nous nous assurerons que nous sommes les complices, les agens insensés de la destinée qui nous poursuit; nous ne méconnoîtrons plus la première cause, la cause fondamentale de la démence du genre humain. Cette cause n'est que factice, accessoire; elle peut, elle doit cesser.

Malheur aux méchans et aux poltrons! Les poltrons ne voient que des obstacles insurmontables, et les méchans s'efforcent de perpétuer le prestige; mais c'est uniquement du presbytéralisme que *le systéme de mensonge* emprunte sa force; et en Europe, le presbytéralisme est caduc.

Les vérités utiles s'avancent, les principes agissent, l'évidence du systême social établit et elle transmettra aux générations futures la

science d'élever le genre humain à la dignité
de son rang, et de le faire jouir de ses plus
belles prérogatives.

— Voilà de la philosophie, de la métaphysique, et le genre humain ne peut pas devenir
philosophe et métaphysicien.

— La philosophie, c'est l'intention d'amé-
liorer la condition humaine, et la métaphysique, c'est le moyen de remplir l'objet de la
philosophie, c'est la méthode qui facilite la
recherche de la vérité, assure sa découverte
et son empire. La métaphysique se subordonnera le genre humain; elle l'affranchira de
tout préjugé anti-social; car elle le convaincra que son intérêt exige qu'il rejette, qu'il
abhorre le presbytéralisme.

Nous savons que la cause des fléaux les plus
étendus et les plus abominables, la cause des
guerres les plus odieuses et les plus atroces,
la cause des guerres dites *de religions,* ainsi
que la cause de tous les sophismes et de tous
les abus anti-sociaux, n'est autre que l'opinion
de *l'importance d'admettre une révélation.*

Nous comptons des milliers de révélations,
et nous savons que chaque *révélateur* a commencé sa révélation par exiger la foi, la
croyance sur parole; par exiger qu'on crût
que Dieu lui avoit parlé seul à seul, sans

témoins, en bonne fortune; mais qu'on se donnât de garde d'écouter ses confrères les autres révélateurs. Il falloit bien que les *Moïse, les Mohomet, tous les prophêtes, messies et menteurs,* en usassent ainsi.

Mais une révélation qui n'a point appris solennellement et universellement la chose à révéler à ceux qu'elle devoit intéresser ; une révélation qui ne s'est pas faite à tout le genre humain, n'est plus admise en Europe, que comme une fourberie politique.

Et nous voici, petits et grands, riches et pauvres, gouvernés et gouvernans, nous voici tous hypocrites; mais à quoi bon, si ce n'est pour avoir le droit incontestable de se mépriser soi-même et les autres. Voilà donc l'accomplissement du précepte : *Aimez votre prochain comme vous-même.*

— Je vois bien que vous n'allez pas aux prêches de M. Necker. Vous n'avez pas lu son livre de *l'Importance des Opinions religieuses.*

— De l'importance des opinions religieuses! *Opinions religieuses.* Qu'est-ce que des *opinions?* Des assertions douteuses et toujours fausses, quand elles concernent le système social ; car tous les principes politiques et moraux sont susceptibles d'être démontrés.

Et que veut dire l'épithète *religieuses?* D'après le sens exact, il veut dire *attachantes;* mais d'après l'argot convenu entre les exclusifs, *religieuses opinions,* signifie *superstitieuses opinions;* et c'est en 1787 que M. *Necker* a composé un gros livre pour recommander la superstition; et afin de rendre la chose plus touchante, il a la bonté extrême d'avertir chacun que, quant aux choix, l'espèce de superstition est indifférente; que l'importance ne consiste qu'à faire accroire à autrui qu'on en a soi-même.

Voilà *l'éducation libérale* des partisans du système de mensonge; elle tend à détruire cette persuasion consolatrice et délicate, qui n'abandonne point l'homme vertueux, sans que la mélancolie succède; elle tend à faire méconnoître à-la-fois et l'existence de Dieu, et le vœu de la nature; elle repousse la lumière, la vérité, l'évidence; elle y substitue les ténèbres, les sophismes, la perplexité.

Ne pouvant pas concevoir que Dieu eût créé le genre humain pour être baffoué; mais ne pouvant pas s'empêcher de voir que le fait existe, et n'ayant pas assez d'instruction pour se représenter que ce n'est qu'à cause des circonstances qui peuvent être écartées, que le genre humain est la victime de la perfidie, de la voracité, de l'insolence des *exclusifs*, l'idée de DIEU sembla scandaleuse aux jeunes gens les plus distingués par d'excellentes qualités ; ils ne purent être impies, ils ne purent considérer DIEU comme inconséquent et cruel.

Un athée de cette classe, un athée malgré lui, ne craint point de rencontrer DIEU ; il lui dira : *Je ne vous attendois pas, mais voici mes comptes* (*).

Mais la dite *éducation libérale* a fait un grand nombre d'athées scélérats, d'athées qui, ainsi que les gens qui croient aux mystères, s'associent avec les prêtres et tuent la raison, la morale, l'évidence.

Un esprit élevé et assez exercé, acquiert une connoissance d'autant plus exacte de l'essence de DIEU et de sa volonté à l'égard du genre humain, qu'il se représente plus vivement l'action de la nécessité, l'action de la Providence éternelle. Le genre humain n'est-il pas condamné à la terreur, au fanatisme, à l'hypocrisie, par-là même à être l'artisan de sa honte et de son malheur, jusqu'à ce qu'il ait rejeté toute révélation, jusqu'à ce qu'il ait appris à en appeler à DIEU lui-même, con-

____

(*) DIDEROT.

séquemment à la nature, à la vérité, à la raison?

Ce n'est que par la connoissance de soi-même; ce n'est donc que par l'usage de la pleine raison, que le genre humain peut acquérir et l'idée de lois conformes à ses facultés ainsi qu'à ses besoins, et la certitude de les trouver; mais alors il les cherchera, il les trouvera et y obéira.

— Nos façons de voir se choquent de plus en plus, et de plus en plus, j'apprécie la profonde sagesse de *l'Eglise*, qui, *sous peine d'enfer*, commande *le sacrifice de la raison*. Eh! comment conduire les hommes, si chacun s'arroge le droit de la consulter?

— En ne faisant point, ainsi que le fait *l'Eglise*, abstraction de la perfectibilité humaine, ni de l'amovibilité des circonstances, sous l'empire desquelles le genre humain a demeuré couard, sot et méchant, je reconnois l'existence de Dieu; car je reconnois sa volonté à l'égard du genre humain; je reconnois que les hommes peuvent arriver à la connoissance de la religion universelle, à la connoissance du système social; conséquemment à l'unité des principes et à l'unité d'intentions en ce qui concerne l'intérêt commun à tous.

Mais *l'Eglise*, mais le presbytéralisme a

essentiellement besoin que la perfidie préside
avec la sottise à l'instruction scolastique ; que
les institutions les plus pernicieuses paralysent
l'entendement humain ; que l'empire des opinions les plus funestes soit absolu, et que la
science de gouverner demeure occulte et arbitraire ; car ce n'est qu'en obtenant l'entier
sacrifice de la raison, que *l'Eglise,* que le
presbytéralisme peut subsister.

— Citoyen ! les hommes ont des passions ;
il faut un frein pour les contenir.

— Monsieur ! s'il n'y avoit ni passions, ni
besoins, il n'y auroit point d'intérêt, il n'y auroit point de frein, il n'y auroit point de motif qui empêchât l'homme d'être vicieux et
méchant. Le frein, le motif, capable d'empêcher l'homme de faire du mal à soi et à autrui,
c'est *l'intérêt,* c'est *l'amour de soi.* Le vice et
le crime ne subjuguent l'homme, que faute
d'avoir l'intérêt bien entendu présent à l'esprit. L'amour de soi pour se satisfaire, exige
la connoissance de la vérité qu'il importe à
l'homme de connoître pour ne point se méprendre sur son *intérêt.* Cette connoissance,
c'est la MORALE.

Afin de pourvoir à ses besoins, la MORALE
commande à l'homme de perfectionner ses facultés ; afin de le faire jouir de tous ses droits,

elle le détermine à remplir tous ses devoirs;
afin d'assurer aux propriétés facultatives et
matérielles un respect unanime, elle fonde le
respect de toutes les propriétés sur un motif,
dont la réalité peut facilement se démontrer
à tous les hommes; afin de procurer aux gouvernés et aux gouvernans l'inviolabilité physique et politique, la MORALE accorde leurs
pensées et leurs actions avec la pleine raison,
avec les principes du systême social; afin d'i-
dentifier à jamais la force publique avec la
raison publique, la MORALE guérit le genre
humain de la manie des révélations.

— Cette tirade est diabolique; mais j'en
appelle à l'expérience; nul peuple ne s'est
policé, qu'il n'ait admis quelque révélation.

— Aussi rencontrez-vous par-tout et des imbéciles et des fanatiques et des hypocrites.

Le presbytéralisme tue la raison; il dégrade
les sentimens, il pervertit l'instinct. Ce n'est
point par son abus, c'est par son essence qu'il
est ennemi des bonnes lois, conséquemment
des bonnes mœurs; car les bonnes mœurs ne
peuvent s'établir là où les bonnes lois manquent. Disons tout en peu de mots : le presbytéralisme ne peut s'appuyer que d'une révélation, et toute révélation est incompatible
avec le pouvoir moral. Le pouvoir moral ré-

pugne à tout prestige, à toute superstition; il
exige que les principes qui doivent régir les
hommes, n'aient pas besoin de l'attestation
de tel ou tel individu, mais qu'ils soient
évidens.

— Où trouverez-vous, et comment établi-
rez-vous de tels principes?

— Tout est disposé. Les partisans du systême de mensonge sont vaincus; l'indépendance du peuple Français est assurée : concluez que le pouvoir moral se nationalise en
France.

— Le pouvoir moral n'existera chez aucune
nation. Les hommes qui gouvernent auront
toujours des intérêts différens de ceux du
peuple.

—Votre argument favori est vicieux; même
vous faites abstraction des événemens les plus
récens qui nous ont rendu témoins du danger
à demeurer dans la persuasion que des événemens, par cela seul qu'ils n'auroient pas
encore eu lieu, n'arriveront jamais. Je l'ai
déjà dit : si le pouvoir moral ne s'est encore
nationalisé nulle part, c'est que les hommes
en masse manquèrent de l'instruction que le
pouvoir moral présuppose; mais des causes
politiques, *neuves et absolument différentes,*
se sont établies; elles commandent aux gou-

vernement Français de suivre les vérités acquises, d'obéir à l'esprit public, de professer
hautement les principes du système social.

Et la nature, se sentant d'accord avec un
gouvernement qui favorise son vœu et dont
les intentions sont irrévocables, les secondera
de toute son énergie. Disons plus : chez un
peuple qui sait qu'il est gouverné d'après le
système de vérité, la nature a déjà guéri les
hommes en masse de tout préjugé anti-social;
elle est le premier, le plus fidèle, le plus habile instituteur; elle substitue dans tous les
esprits l'évidence aux opinions, la morale
au presbytéralisme, la religion universelle aux
sectes, et le sentiment du besoin du bon ordre aux spéculations, dont l'iniquité, la bassesse, la sordidité ne peuvent plus être déguisées sous aucun prétexte.

— A vous entendre, on changera d'habitudes comme de vêtemens : non. « *Les hommes, ayant une fois acquiescé à des opinions,
quelles qu'elles soient, et les ayant authentiquement enregistrées dans leur esprit, il est
tout aussi impossible de leur parler intelligi-
blement, que d'écrire lisiblement sur un pa-
pier déjà barbouillé d'écritures.* »

— Les gens riches se feront missionnaires
de la LIBERTÉ et de L'ÉGALITÉ.

— Cela sera curieux.

— L'intérêt est le casuiste le plus décisif.

— D'accord ; que prétendez - vous en in-férer ?

— Les Français opulens , convaincus que l'instruction du peuple importe essentielle-ment à la sûreté et de leurs personnes et de leurs fortunes, s'empresseront de procurer au peuple une entière connoissance du motif de ses devoirs.

— Les devoirs du peuple, qu'ont-ils de commun avec la liberté et l'égalité?

— La LIBERTÉ et L'ÉGALITÉ sont aux de-voirs de l'homme, ce que la cause est à l'ef-fet, et je m'explique.

Les devoirs sont prescrits, soit par le des-potisme, l'arbitraire, l'hypocrisie, soit par la raison, par les bienséances, et le sentiment plus ou moins exquis de la vertu.

En France, où la LIBERTÉ et L'ÉGALITÉ sont constitutionnellement proclamées, *le peuple indépendant de toute autorité ennemie, jouit du droit de n'admettre comme vrai, que ce qu'il comprend ; comme obligatoire que ce que la loi ordonne ;* et c'est en cela précisé-ment que consiste la dignité de l'homme et le caractère, ainsi que le motif du respect des propriétés.

Oui, le pouvoir moral se nationalise en France. Une énergie à jamais incoërcible, L'ESPRIT PUBLIC et L'INTÉRÊT PERSONNEL, commandent aux Français opulens l'étude de la politique transcendante, l'étude de la MORALE, l'étude des facultés et des besoins de l'homme.

Les hommes riches, une fois guéris de leurs préjugés, concevront que le respect des propriétés, pour devenir inviolable, doit se fonder, non sur une révélation, mais sur l'évidence; non sur le mensonge, mais sur la vérité; non sur le prestige, mais sur la réalité; non sur une base factice et sacrilége, mais sur sa base naturelle, sur l'intérêt de tous les hommes; motif qui, une fois établi, sera indestructible.

Les hommes riches, guéris de leurs préjugés, se démontreront que tout homme qui sait bien entendre son intérêt, et jouit pleinement du droit de s'y conformer, possède la propriété essentielle pour répondre de son obéissance aux lois protectrices de toutes les propriétés.

Concluez qu'en France, les hommes riches ne tarderont pas à se démontrer les uns aux autres, que la garantie des propriétés territoriales et mobiliaires se motivera, se nationalisera et se perpétuera, par cela même que les propriétés inhérentes à l'organisation de l'homme seront respectées et cultivées; concluez donc que les hommes riches s'abstiendront d'être les complices des prêtres : loin de tuer encore la raison publique, ils coopéreront, par l'exemple, à l'instruction de leurs concitoyens; et l'imitation, d'accord avec le raisonnement, effectuera l'adhésion nationale, l'adhésion unanime à tous les principes du système social.

— Voilà des phrases; mais dans le fait, *le peuple ne peut être contenu que par l'imposture;* c'est sous le joug des opinions, c'est sous *le joug de quelque révélation,* qu'il faut faire plier l'homme qui n'a point de propriété. La sûreté de l'état exige que le peuple soit superstitieux. Un peuple qui sort de l'illusion, devient formidable au gouvernement.

— Oserai-je vous demander si vous avez un corps, si vous avez des bras et des jambes, si vous avez des facultés sensitives et intellectuelles?

— A quoi bon des questions aussi triviales?

— Mais en quelle qualité, monsieur a-t-il des bras, des jambes, des sens, de l'entendement? N'est-ce pas en qualité d'homme?

— Il est inutile de s'occuper de choses qui se font comprendre d'elles-mêmes.

— Ne

— Ne donneriez-vous pas trois millions (la moitié de votre fortune), pour conserver vos bras et vos jambes?

— Vous m'impatientez.

— Renonceriez - vous à la jouissance des sens que vous tenez de votre organisation individuelle, pour doubler vos richesses territoriales et mobiliaires?

— Et alors à quoi me serviroient-elles?

— Encore une question. Consentiriez-vous à la perte de vos facultés intellectuelles pour?...

— Pour rien au monde. La vie n'a de valeur que par l'usage des facultés sensitives et intellectuelles.

— Ces facultés, l'homme les tient de Dieu, de la nature, des lois de son organisation individuelle, et ces facultés sont d'un prix auquel celui des propriétés territoriales et mobiliaires ne peut se comparer.

Mais la plus importante des propriétés facultatives, des propriétés inhérentes à l'organisation de l'homme, c'est la raison. Sans elle, l'homme ne peut respecter ni les propriétés d'autrui, ni les siennes. Convenez donc que les richesses avec des préjugés, n'offrent point une responsabilité suffisante à la société; mais que la société obtient une responsabilité complète de l'homme qui jouit de la PLEINE

RAISON. Convenez encore que les richesses avec des préjugés, loin d'offrir une responsabilité suffisante à la société, sont un moyen de résister aux lois divines et humaines.

DIEU veut que l'homme n'opprime point l'homme; la volonté de DIEU se manifeste universellement et avec évidence.

C'est dans l'organisation individuelle de l'homme que se trouve le motif du respect des propriétés de tout genre; il ne s'agit que de l'actualiser; il ne s'agit que de cultiver la RAISON, de cultiver la propriété essentielle à l'homme, la propriété qui le constitue homme et citoyen, la propriété qui elle seule le rend capable de respecter et de faire respecter les propriétés.

— Citoyen, vous n'y pensez pas; depuis l'origine des siècles, les gouvernans ont toujours empêché les gouvernés d'en appeler à la raison; et vous allez me faire croire qu'ils ne savoient pas pourquoi!

— La cause de la violation des propriétés tient uniquement à des circonstances aussi plates que sacriléges; elle tient à l'abrutissement, à la lâcheté, à la stupidité des personnages qui ont exercé la souveraineté, et ravi au genre humain jusqu'à l'idée de sa perfectibilité.

Le système de mensonge est, par son essence, si inique, si abominable, que les évè-
nemens les plus cruels, les calamités les plus
affreuses, ne sont suivis d'aucun changement
qui diminue les afflictions habituelles, qui
empêche le retour des catastrophes les plus
épouvantables. Les nations demeurent au
pouvoir des partisans du système de mensonge, conséquemment au pouvoir des ennemis du genre humain, au pouvoir des gens
qui veulent être *exclusifs*; et tous, ils trouvent, à l'instant du besoin, un appui dans le
prétexte, soit de renverser, soit de soutenir
quelques opinions sacerdotales ou féodales.
L'absence des principes continue donc à nécessiter la confusion, le trouble, l'inconséquence dans les idées, et elle induit toutes
les générations à croire, qu'en général, la
vertu ne doit occasionner que des adversités, et que le vice et le crime obtiennent d'é-
clatans succès.

— *Bravo!* la dernière phrase est admirable :
les hommes seront toujours les mêmes.

— L'habitude du sophisme vous poursuit.
Tous les deux nous admettons les faits consignés dans l'histoire; mais, selon vous, l'u-
niformité des événemens et la continuité de
la stupeur du genre humain, sont une accu-

sation contre la nature; selon vous, l'ignorance, les vices, les crimes et les malheurs
sont inséparables de l'humanité; selon vous,
Dieu est cruel; selon vous; Dieu ne peut
exister; car la méchanceté répugne à son
essence.

Au contraire, je soutiens que les crimes et
les malheurs du genre humain sont des résultats nécessaires de l'empire des plus sottes circonstances, et que ces circonstances peuvent
être écartées : je le démontre.

*L'homme a des besoins, et il a des fa-
cultés, par lesquelles il peut pourvoir à ses
besoins.*

*L'homme ne peut pourvoir à ses besoins,
qu'en faisant valoir ses facultés à son plus
grand avantage.*

Il est donc évident que les *droits de l'homme*
ont une base, et que *ses devoirs* ont un motif.

Cependant, l'homme ne jouit pas de ses
droits, et il ne remplit pas *ses devoirs.* Quelle
est la cause de cette opposition au vœu de la
nature?

C'est une *circonstance,* un *accessoire* qui
peut être séparé du *principal.*

Certes, une société d'hommes ne peut subsister sans un gouvernement; mais le *mode de
gouverner* n'est que *l'accessoire.*

. Il y a deux modes de gouverner; *le mode qui force les gouvernans à s'appuyer sur le mensonge*, et *le mode qui force les gouver-nans à s'appuyer sur la vérité.*

Le mode auquel vous, monsieur, donnez la préférence, est celui qui contraint les gouver-nans à s'appuyer du mensonge : voilà pour-quoi vous vous en imposez à vous-même; vous accusez Dieu et la nature de toutes les ex-travagances, de toutes les absurdités, de tou-tes les scélératesses; en un mot, vous accusez Dieu de toutes les calamités du genre humain, tandis qu'elles ne proviennent que de la tur-pitude des personnages qui le gouvernent.

— Voilà des injures.

— Mettez-moi dans mon tort; justifiez le *mode de gouverner qui s'appuie sur le men-songe.*

— Il suffit de dire que jamais il n'y en a eu d'autres.

— Aussi, les hommes se sont-ils corrom-pus, dénaturalisés?

La destinée des hommes dépend de leur conduite, et leur conduite contrarie nécessai-rement le vœu de la nature, quand ils sont fas-cinés sur leur intérêt capital. Dans un monde gouverné par des autorités ennemies; dans un monde où l'imposture la plus infernale, la plus

3.

abominable est consacrée, il ne peut exister
de pouvoir moral, il ne peut exister de bonheur; l'esprit se fausse, le cœur se déprave,
l'instinct se pervertit. Les gouvernés et les gouvernans ne sont que de la populace, qu'une
agrégation d'imbéciles, d'extravagans et d'enragés.

Mais grace à l'imprimerie et à la communication du bon sens, les révélations et le presbytéralisme ne sauroient plus garantir de l'infamie les personnages qui voudroient encore
gouverner selon le système de mensonge.

— Parole d'honneur, il n'y avoit rien de
mieux à faire que de laisser les choses comme
elles étoient. La maudite invention que *l'imprimerie !* elle va bouleverser le globe.

— Elle universalisera les principes du système social. C'est expérimentalement que les
Français réfutent l'axiôme des poltrons et des
scélérats : *tout ce qui est bon en théorie, n'est
pas bon en pratique.* Les Français démontreront par le fait, que les bons principes sont
immanquablement suivis de bons résultats,
par tout où il y a des hommes capables de
renverser tous les obstacles qui empêchent
que le pouvoir moral ne prévale, ne s'établisse complètement.

— Vous allez repêtrir le genre humain.

— L'intérêt n'en est-il pas le moteur uni-versel?

Le genre humain n'acquerra point la con-noissance de sa perfectibilité, sans briser ses chaînes, sans s'établir dans ses droits.

Le presbytéralisme est démasqué en Eu-rope, et en France il s'anéantit. Nul obstacle n'empêchera donc les Français de remonter à la source des autres abus, de les attaquer et de les écarter.

Et quand en ce qui concerne le système so-cial, un peuple immense et invincible en ap-pelle aux premières vérités, les accidens qui croisent ses institutions appellent eux-mêmes cette sagesse qui, substituant la méthode à l'arbitraire, fait succéder l'unité d'action et le bon ordre aux entreprises des brigands, des hypocrites, des scélérats, soient domestiques, soient étrangers.

— Cette sagesse que vous annoncez, est encore en chemin.

— Les prévarications, ainsi que les spécu-lations exécrables qui affrontèrent le berceau de la République, touchent à leur terme. La nécessité peut suppléer même à la vertu; la nécessité fera plus : elle fera naître la vertu; elle instruira le genre humain de ses devoirs, et il y obéira.

4.

Et aujourd'hui en France, les hommes en masse savent et se disent les uns aux autres : Une *Providence* qui ne va qu'au jour le jour, et qui favorise et qui persécute, on ne sait pourquoi ; une *Providence* capricieuse et infiniment méchante ; une *Providence* qui damne la presque totalité du genre humain, n'est que la *Providence des prêtres*.

Les hommes en masse se disent : La *Providence de* Dieu est éternelle et immuable. En cultivant, en écoutant la raison, en y obéissant, le genre humain parviendroit à concevoir le bonheur, à le mériter et à l'obtenir ; mais c'est nécessairement aussi que le genre humain rendra son sort toujours adverse, s'il continue à demeurer séparé de la raison.

Les hommes en masse se disent : La *volonté de* Dieu, sa justice et sa bonté sont évidentes ; car l'homme, pour acquérir le bonheur, a besoin que ses concitoyens aussi puissent bien entendre leur intérêt et s'y conformer, conséquemment qu'ils soient libres de toute superstition anti-sociale.

Les hommes en masse se disent : C'est avec la communauté évidente et nationale des principes, que l'unité de l'intérêt entre les gouvernés et les gouvernans, le bon ordre, la prospérité individuelle et publique, s'établissent et se conservent.

Les hommes en masse se disent : L'homme est perfectible; son moteur, c'est l'intérêt, et son intérêt exige qu'il fasse valoir sa perfectibilité à son avantage, conséquemment que chaque homme mette aussi sa perfectibilité en valeur; conséquemment encore que toutes les nations fassent valoir à leur avantage et leurs propriétés facultatives et leurs propriétés matérielles.

Oui, l'esprit public, la connoissance de l'intérêt bien entendu, le pouvoir moral, s'avance; les individus et les nations apprennent qu'en apportant dommage à autrui, c'est appeler le malheur sur soi-même.

L'exactitude, l'évidence de ces notions constitue l'instruction nationale, et l'instruction du peuple établit l'unité de l'intérêt par l'unité des principes; elle conduit à la découverte des bonnes lois; elle leur assure une obéissance évidemment et universellement motivée, et conséquemment aux propriétés personnelles, territoriales et mobiliaires, un respect unanime, national, inviolable.

Et quand une fois les hommes en masse substituent, en ce qui concerne les intérêts du genre humain, l'évidence aux opinions; quand ils cherchent toutes les vérités nécessaires, ils ne savent plus s'occuper de questions oiseuses.

Voilà pourquoi aujourd'hui en France, les esprits se dirigent généralement vers les sciences, vers les arts, vers les métiers nécessaires, utiles, agréables.

Une conséquence nécessaire de cette disposition des esprits, c'est le perfectionnement du langage, perfectionnement qui nous oblige à présenter aux autres, conséquemment à concevoir nous-mêmes des idées nettes : la netteté des idées commande l'acquisition des connoissances nécessaires, conséquemment elle garantit des sophismes, elle fait distinguer l'intérêt bien entendu des intérêts mal entendus; et, je le répète, la connoissance de notre véritable intérêt nous conduit aux bonnes lois, conséquemment aux bonnes mœurs; et les bonnes mœurs, devenant elles-mêmes habitude, influent bientôt sur les facultés intellectuelles de la manière la plus conforme au vœu de la nature humaine.

Concluons que le progrès de la *civilisation* établira, pour n'être plus interrompu, cet ordre de choses qui accélérera le perfectionnement des sciences, qui favorisera l'agriculture, le commerce, les arts et les métiers les plus utiles; qui donnera la certitude de faci-

lement suffir aux besoins matériels, et procurera tous les avantages que destine à chaque homme l'art de modifier les élémens politiques et physiques qui le composent et l'en-
vironnent.

Alors le pacte social remplira son objet in-
tégralement; l'homme sentira qu'il a une patrie, que la loi le protége, et que ses pensées
et ses actions sont d'accord avec la pleine raison, avec sa conscience et avec celle de ses
concitoyens; conséquemment avec l'intérêt de
tous.

Mais les résultats du mode de gouverner
qui s'appuie sur la vérité, se présenteront
dans un plus grand jour, quand l'examen des
faits historiques aura totalement dissipé les ténèbres que l'habitude de la prévention et du
sophisme cherche à perpétuer. *Voyez* CULTE
DIVIN, POUVOIR SYSTÉMATIQUE, UNITÉ D'AC-
TION. *Voyez* COROLLAIRES DE L'HISTOIRE DE
LA POLITIQUE ET DE LA MORALE, vol.

COLONIES. — Les gouvernemens peuvent-
ils retarder la civilisation dans les *colonies*,
sans nuire à l'intérêt des métropoles? *Voyez*
COROLLAIRES DE L'HIST. DE L'ESPRIT ET DES
MŒURS DES NATIONS, vol.

CONCILE. — *Voyez* POUVOIR SPIRITUEL.

CONCORDAT. — *Voyez* vol. II, pag. 132 et suiv. — page 179 et suiv.

CONDUITE. — La destinée des hommes dépend de leur *conduite*, et leur *conduite* dépend de l'habitude dans laquelle se trouve le plus grand nombre d'entre eux, de renoncer à la raison, ou d'en faire usage. Dans un pays peuplé d'imbéciles, d'hypocrites et d'autres fripons, la corruption générale amène nécessairement, et comme périodiquement, quelques catastrophes. *Voyez* CIRCONSTANCES, DESTINÉE, NATURE, NÉCESSITÉ.

CONSCIENCE. — Il importe au genre humain de ne pas ignorer ce que c'est que la *conscience*; car la *conscience* séparée de l'instinct et de la raison, force l'homme à nuire à autrui et à soi-même.

La première éducation du genre humain a opposé le sentiment des pensées et des actions à l'instinct et à la raison. Voilà pourquoi l'exemple et l'imitation ont donné au genre humain une *conscience* absurde, une *conscience* opposée aux lois de l'organisation de l'homme, opposée aux lois divines et humaines.

Si le genre humain n'a point succombé aux accès de rage dont il a été tant de fois attaqué, c'est qu'il recèle une énergie conserva-trice, une énergie qui se reproduit avec chaque nouvel individu; c'est l'instinct de l'homme; c'est la simple et franche impulsion de sa na-nature; c'est le sentiment de ses besoins réels.

Mais la *conscience* n'a été chez presque tous les hommes que le souvenir de notions admises sans examen, ou elle étoit compli-quée de notions admises sans examen et de no-tions modifiées d'après des calculs dits *politi-ques*. Les hommes chez lesquels la *conscience* fut le résultat de la certitude, ont été si rares, qu'ils semblèrent être des phénomènes.

La *conscience* qui ne consiste que dans des notions admises sans un examen valable, est la *conscience* des sots.

La *conscience* qui se complique et de no-tions admises sans examen et des notions mo-difiées d'après des calculs dits politiques, est la *conscience* des fripons et des scélérats.

La *conscience* qui est le résultat de la cer-titude, le résultat de la connoissance exacte des lois de la nature de l'homme, est la *cons-cience* du sage; elle seule assure le bonheur : car le bonheur, pour se réaliser et pour se conserver, exige que l'homme épure ses pen-sées, ses goûts, ses actions; qu'il les accorde avec les principes du système social, avec l'intérêt du genre humain, avec la pleine raison.

DIEU a doué l'homme de sensibilité et de perfectibilité, afin que l'homme eût et des moyens et un motif pour acquérir un sentiment infaillible qui l'avertisse du bien et du mal; cependant une éducation perverse et de mauvais exemples mettent la sensibilité de l'homme en défaut, précisément quant aux affections qui disposent et déterminent à remplir le précepte : *Ne faites pas à autrui ce que vous ne voulez pas qui vous soit fait;* sa sensibilité se provoque et se fixe sur des objets fantastiques, sur des besoins factices, et qui entraînent dans tous les écarts.

Mais DIEU, la nature, les lois de l'organisation de l'homme ordonnent que l'homme qui prétend arriver au bonheur par la bassesse et par l'iniquité, soit l'ennemi de lui-même, que sans relâche il donne à ses facultés intellectuelles une direction révoltante, et que, de plus en plus, il dégrade ses facultés sensitives.

Et quand des exemples scandaleux, des apparences insidieuses, et les institutions elles-mêmes donnent aux esprits le change sur la volonté de DIEU et sur les lois de la nature de l'homme, c'est ânerie ou fourberie d'attribuer à la *conscience* de ses contemporains un pouvoir qui ne peut exister que par l'action des principes du système social.

Un concussionnaire en appelle-t-il à sa *conscience?* Comme du tems de *Verrès*, il se confirme dans la persuasion qu'il doit extorquer une somme, dont, en cas de besoin, il puisse faire trois grandes parts, la sienne d'abord; une seconde pour acheter des témoins, et la troisième pour décider les juges.

Le cuisinier d'un *Verrès* est excellent; le souper d'un *Verrès* vous enchante; il réunit les femmes en vogue et les premiers *virtuoses* : Mais pensez-vous aux moyens par lesquels le brigand est devenu millionnaire? Oui, et vous brûlez du desir d'être aussi du nombre des *Verrès*.

Pour cela même vous persistez à vouloir que le presbytéralisme s'empare de chaque individu dès sa naissance, qu'il lui impose le sceau de la stupidité, qu'il imprègne ses organes de miasmes superstitieux, qu'il vicie tous ses moyens de perfectionnement.

Mais la morale n'est plus une science occulte; grace à cet art qui, de nos jours, étend à l'infini la communication des idées, L'ESPRIT PUBLIC, L'ESPRIT *qui consiste dans la connoissance des principes du système social, et dans l'intention d'établir le genre humain dans la pleine jouissance de tous ses droits*, libre dans son essor, s'universalise.

La science de perfectionner les facultés de l'homme afin de pourvoir à ses besoins; la science de lui faire remplir ses devoirs afin de le faire jouir de ses droits; la science d'accorder les pensées et les actions de tous avec la conscience de tous, conséquemment la force publique avec la raison publique; la science de procurer et aux gouvernés et aux gouvernans l'inviolabilité physique et politique; en un mot la MORALE, peut aujourd'hui s'adresser aux hommes en masse; conséquemment elle peut écarter toutes les circonstances ennemies du genre humain.

La cause première, le soutien, le conservateur de la démence des nations, c'est le presbytéralisme.

Le presbytéralisme est ennemi de la vérité, de DIEU, de la nature; créateur de la tyrannie, et ne pouvant se maintenir que par l'imposture, il est inséparable de l'intention d'abrutir toutes les générations du genre humain.

- Quelle est donc la *conscience* du prêtre?

Le prêtre est-il lui-même persuadé avoir un pouvoir qui l'établit médiateur entre Dieu et l'homme? Le prêtre est un fanatique : sinon, le prêtre est un madré charlatan, et dans l'occasion,

casion, la *conscience* du prêtre est celle d'un énergumène, ou celle d'un froid scélérat.

Le presbytéralisme, exigeant des peuples une abnégation solemnelle du bon sens, les stupéfiant, les avilissant, avoit réduit les potentats à la bassesse de respecter eux-mêmes et de faire respecter le prestige.

Cependant, les attentats les plus exécrables, partent du besoin d'en imposer, du besoin de perpétuer, ou de rétablir le respect pour le mensonge. Mais grace aux philosophes, grace à l'imprimerie, grace aux progrès de l'esprit humain, les rois sont affranchis du joug sacerdotal, et ils briseront tout autre pouvoir usurpateur.

Que le Cabinet de Londres obéisse à sa *conscience*, qu'il s'appuie de son or, de son impudence et de sa férocité; que les aristocrates de tous les pays, obéissant aussi à leur *conscience*, soient les complices du Cabinet de Londres, cela est conséquent; mais les forfaits que l'usurpation commande, ni les efforts de tous les ennemis du genre humain, n'empêcheront point que le système social, le système qui écarte toute illusion, qui par-là même décide les rois et les peuples à triom-

F

pher de leur ennemi capital, ne s'universalise.

Les principes du système social se propa-
gent même à travers les fléaux de la guerre.
Oui, les événemens actuels avancent l'instruction des peuples et des rois ; leur *conscience*,
loin d'être encore une *conscience à révélation*, loin de les tromper et de les avilir, les
avertit que pour rendre les propriétés facultatives et matérielles inviolables, que pour
s'assurer la jouissance de tous les droits et
de toutes les prérogatives qui appartiennent
au genre humain, ils doivent mettre sa perfectibilité en toute valeur. *Voyez* CIRCONSTANCE,
CIVILISATION, CULTE DIVIN, SYSTÊME SOCIAL,
VERTU.

CONSCRIPTION MILITAIRE.—Ne peut-
elle pas procurer plusieurs avantages aux
conscrits, en même tems qu'elle assure la
sécurité de l'état? *Voyez* COROLLAIRES DE
L'HISTOIRE DE L'ESPRIT ET DES MOEURS DES
NATIONS, vol.

CONSPIRATION. — Il importe aux nations et aux personnages qui les gouvernent,
d'établir une bonne théorie des *conspirations*.

Essayons, et d'abord il faut définir le mot *conspiration* pris dans son sens le plus étendu, et c'est le sens étymologique.

Il y a *conspiration* par-tout où des causes, soit physiques, soit politiques, soit à-la-fois et physiques et politiques, concourent au même but.

Chez l'animal vivant, chaque viscère, chaque organe est un agent conspirateur; mais la NATURE, L'ÉNERGIE produite par la constitution, produite par l'ensemble de la fabrique de l'être vivant, est le conspirateur en chef; elle ne cesse de veiller à la conservation de l'individu, jusqu'à ce qu'elle succombe, ou par des accidens imprévus, ou en conséquence des lois inhérentes à toute substance animée.

Les hommes réunis en société sont tous conspirateurs; ils conspirent ou passivement, ou activement.

L'homme ignorant et superstitieux est forcé à conspirer contre lui même et contre le genre humain; mais l'ignorance, la superstition, la sottise ne sont plus incurables; le mécanisme dont l'invention s'est faite si tard, *l'imprimerie*, remplit enfin l'objet de sa destination; elle propage les vérités utiles.

Aujourd'hui, la leçon de l'adversité avance

l'esprit humain; les événemens eux - mêmes composent un cours expérimental du droit des gens; et nous pouvons prévoir avec certitude le résultat final des divers efforts conspirateurs; il y en a de tant de sortes, qu'il convient de les classer.

La conspiration des prêtres, — la conspiration des gouvernans contre les gouvernés, et la conspiration d'un ou de plusieurs gouvernemens contre un ou contre plusieurs autres gouvernemens, — la conspiration des exclusifs, soit de vieille, soit de fraîche date, — la conspiration des *fin-hansiers* (*), — les quatre-vingt-dix-neuf espèces de conspirations journalistes, — la conspiration des enragés, — la conspiration des métaphysiciens, la seule qui puisse dissiper toutes les autres *conspirations*, toutes les *conspirations* contre le genre humain.

Le presbytéralisme est la première cause et le soutien de tous les abus. Ne pouvant subsister que par le prestige, le presbytéralisme devoit être, par son essence, une *conspiration* permanente contre la vérité, contre l'intention de Dieu, contre le pouvoir moral, contre le genre humain; mais le genre hu-

____

(*) *Voyez* vol. II, page 104.

main guérit de la stupidité, et le presbytéralisme disparoîtra de l'univers avec les causes
qui l'y ont introduit.

Les gouvernemens qui ne viennent point à
résipiscence; les gouvernemens qui n'apprennent point à se passer du prestige, conspirent
nécessairement contre les nations; car ils ne
peuvent s'empêcher de lutter contre les vérités politiques et morales : il faut donc que
ces gouvernemens tombent de pourriture.

Un gouvernement éclairé, bien intentionné
et favorisé par une heureuse disposition des
esprits, renoncera ouvertement et constamment à la ressource de l'imposture. Ce gouvernement parviendra bientôt à la plus haute
considération et à une puissance à jamais durable; la nation s'empressera de compléter
son instruction, d'acquérir une connoissance
entière de la base de ses droits et du motif
de ses devoirs; l'unité des principes se réalisera; elle établira l'unité d'intérêt entre les
gouvernans et les gouvernés, conséquemment
elle décidera et elle éternisera la prospérité
publique.

Mais la *science de gouverner et de se faire
gouverner*, ayant été généralement méconnue,
les gouvernans et les gouvernés croyoient que
leurs intérêts étoient, par leur nature, diffé-

rens, opposés, inconciliables; ce n'étoit pas
tout : les gouvernemens entr'eux se traitoient
réciproquement et stupidement en antagonis-
tes; voilà comme l'ignorance originelle avoit
fait de ce globe une vallée de misère habi-
tuelle, voilà comme l'absence des principes
du système social occasionnoit des guerres,
des catastrophes et des calamités, dont la leçon étoit chaque fois inutile.

Je l'ai déjà dit, il n'en est pas de même aujourd'hui; ni l'incapacité, ni la perfidie des
personnages qui gouvernent, ne peut plus se
masquer; le prestige et les prétextes sont usés :
pour cela même, nulle sorte *d'exclusifs* ne
pourroit plus se présenter parmi nous, sans
s'attirer aussitôt le mépris et l'aversion; ce
seroient des enfans morts-nés.

Et vous messieurs de la *fin-hanse!* ainsi
que les adeptes, vous voudriez que vos for-
mules demeurassent occultes; mais le presbytéralisme est caduc; nul obstacle n'empêchera
plus l'entendement humain de remonter à la
source des autres abus, de les attaquer et de
les écarter.

Pourquoi invectiver les journalistes? Ne
doivent-ils pas employer *le vert et le sec* pour
faire aller le débit de leurs feuilles? Public!
rends-toi justice, et tu conviendras que si les

journalistes font circuler des impertinences.
de tout genre, c'est pour se conformer à tes
habitudes et à tes opinions.

Mais comment se garantir d'un ou de plusieurs enragés? Il n'y a qu'un expédient :
empêchez qu'il n'y en ait; accélérez donc le
triomphe des principes du systême social; hâ-
tez-vous de substituer l'évidence aux opinions :
les opinions sont toutes virulentes; c'est sous
leurs auspices que les PITT établissent leurs
calculs sur les forfaits.

Sans doute les imbéciles n'ont point l'intention de *conspirer;* mais par cela même qu'ils
ne sont jamais que passifs, ils sont la matière
première et instrumentale, le *sine quâ non*
de tous les exclusifs, de tous les factieux.

Ce sera en vain que, de nos jours, les partisans du système de mensonge se seront flat-
tés du succès de leurs manœuvres. Le mécanisme par lequel les vérités politiques et morales se transmettent d'un hémisphère à l'autre, et le POUVOIR MÉTAPHYSIQUE, le POUVOIR
qui consiste dans la connoissance de la vé-
rité et dans l'art de la démontrer, augmen-
tent mutuellement leur action, et déjà cette
action est irrésistible.

RABELAIS, MONTAIGNE, CHARRON, MON-
TESQUIEU, VOLTAIRE, FRÉDÉRIC, DALEMBERT,

Diderot ! et vous tous qui avez conspiré contre les opinions, contre l'ignorance et les préjugés, la France, l'Europe, l'Univers vous entendent et *conspirent* avec vous.

Oui, actuellement que les principes du système social sont trouvés, et qu'ils peuvent s'enseigner aux hommes en masse, tous les hommes acquerront cette instruction dont ils ont besoin pour ne plus se méprendre sur leur intérêt, mais pour s'y conformer. *Voyez* Civilisation, Système social.

CONSTITUTION.—CONTRAT SOCIAL.

— Une *constitution* est ce qui compose un *tout*, ou physique, ou politique.

L'action des gouvernans sur les gouvernés, et l'action des gouvernés sur les gouvernans, déterminent les *constitutions* politiques.

Par-tout où les gouvernés ne savent pas ce qu'ils peuvent et doivent faire, la *constitution* de l'état est plus ou moins arbitraire ; conséquemment elle n'est que provisoire, car le genre humain est perfectible, et le vœu de sa nature s'accomplira.

C'est en vain que les hypocrites et les demi-savans prédicamentent la *doctrine double*, et s'efforcent de donner le change sur la cause des malheurs qui se sont compliqués avec la révolution Française.

Ce n'est point de la philosophie, mais de l'opposition à la philosophie, qu'ont dérivé les malheurs que la France a essuyés pendant la révolution.

Ces malheurs n'appartiennent point à la vérité, mais à la *doctrine double* qui exige qu'il y ait des imposteurs ; conséquemment des dupes. Ces malheurs, loin d'avoir été causés par les principes du système social, n'eussent pu arriver, si les privilégiés en général et leurs ayant-cause, n'eussent pas été assez pervers et stupides pour lutter contre la *toute-puissance des progrès de l'esprit humain.*

Un acte *constitutionnel,* pour être pleinement conforme à son objet, doit offrir une série méthodique et complète des articles nécessaires à énoncer pour procurer à chaque citoyen les avantages qui lui appartiennent, et pour donner à l'*acte* lui-même une garantie contre toute entreprise ennemie.

Il se trouve des lacunes dans notre *acte constitutionnel,* et les factieux en ont appelé à cet *acte* pour renverser le système républicain (*), pour renverser le système conforme

---

(*) Article fait en l'an 5.

à l'intérêt de tous les associés au pacte social.

Mais chez une nation immense, spirituelle, valeureuse, et décidée à ne reconnoître d'autre empire que celui des lois sanctionnées par l'évidence, l'esprit public corrige les fautes de l'inexpérience, et brise les manœuvres de toutes les factions.

Chez une telle nation, L'ESPRIT PUBLIC parvient bientôt à pleinement conformer l'*acte constitutionnel* aux intérêts de tous les associés, et par-là même il donne à cet *acte* sa garantie naturelle; chez une telle nation, L'ESPRIT PUBLIC rectifie donc, consolide et éternise l'*acte constitutionnel* par l'accord de la raison publique et de la force publique; mais alors cet *acte* étant absolument conforme aux principes du systême social, convient à toutes les nations; il a lui-même tous les caractères du CONTRAT SOCIAL.

CONTRE-POIDS. — *Voyez* COROLLAIRES DE L'HISTOIRE DE L'ESPRIT ET DES MOEURS DES NATIONS, vol.

COURTISAN. — « L'ambition dans l'oisiveté, la bassesse dans l'orgueil, le desir de s'enrichir sans travail, l'aversion pour la vérité, le mépris des devoirs du citoyen, la crainte de la vertu du prince, l'espérance de ses foiblesses, forment le caractère du plus grand nombre des *courtisans.* » Montesquieu.

CRÉDIT NATIONAL. — Il est le résultat de la confiance d'une nation en elle-même et en son gouvernement.

La confiance en la sagesse des gouvernemens et en la solvabilité des nations, a toujours été trompée; elle étoit aveugle.

Aujourd'hui encore l'illusion ou la perversité entraînent la plupart des gouvernemens à faire de si lourdes abstractions des effets du *crédit national,* que leurs expédiens pour le soutenir doivent finalement contrarier son objet.

Et les financiers préconisent ces expédiens; ils vous citent en exemple l'habileté, la sagacité du ministère Anglais.

Sans doute, le gouvernement Anglais, pour se maintenir, paie les créanciers de la nation; sans doute les créanciers (qui, nonobstant que leurs capitaux n'existent plus, n'en veulent pas moins recevoir leurs rentes) se font un devoir de secourir le gouvernement; mais la base de cette double spéculation devient de plus en plus factice; les créanciers de l'An gleterre feront nécessairement une perte d'autant plus grande que leurs efforts pour la reculer, seront plus soutenus.

Les hommes auxquels leurs réflexions sur les causes des événemens passés, révèlent les événemens futurs, savent que, soit sous le prétexte du *crédit* des nations, soit sous le prétexte de leur *discrédit,* les sottises, les embarras, les banqueroutes, les catastrophes se succéderont, jusqu'à ce que le genre humain ait appris à connoître et à défendre son intérêt; jusqu'à ce que les nations exercent réellement les fonctions de la souveraineté, exercent sur les législateurs, ainsi que sur les gouvernans, cette surveillance qui détermine un bon choix des fonctionnaires publics et garantit leur fidélité.

Un gouvernement qui ne peut pourvoir au maintien de son *crédit,* qu'en blessant l'intérêt des autres nations, creuse lui-même l'abîme dans lequel il doit tomber.

C'est par son instruction, et ce n'est que par son instruction, qu'une nation apprend à observer constamment les préceptes de la morale, qu'elle acquiert un *crédit* qui fera succéder aux sacrifices et aux efforts que le besoin du *crédit* commande, un état de prospérité si plein et si durable, que la nation puisse produire et faire valoir sa puissance sans nulle intervention; que sa seule volonté y suffise. *Voyez* Esprit national, Esprit public, Garantie, Grand-homme, Gouvernement, Impôt, Instruction, Intérêt, Nature, Philosophie, Pouvoir moral, Pouvoir politique, Système social.

CRITIQUE. — La *critique* légitime a pour objet, ou l'avantage de la société, ou l'avantage de l'homme dont elle reprend les erreurs.

Si la *critique* ne se présente point avec les caractères qui la justifient, elle trahit et condamne son auteur.

Que la *critique* soit donc indulgente, quand il ne s'agit que d'inadvertence; au contraire, quand elle attaque la méchante intention, que ce soit avec assez d'adresse et de vigueur pour la démasquer et pour paralyser ses efforts; mais l'intérêt de la société commande aussi de dissiper cet aveuglement honteux et opiniâtre, qui, par ses effets, équivaut à l'intention coupable; la *critique* ne doit donc cesser de réfuter les sophismes même les plus absurdes, qu'alors qu'ils ne se reproduisent plus.

La base de la bonne *critique*, en ce qui concerne les sciences politique et morale, c'est une connoissance exacte et entière des causes et des résultats, soit de la conduite des gouvernans, soit de la conduite des hommes en masse, soit de la conduite des hommes de telle ou telle catégorie, soit enfin de la conduite individuelle de tel ou de tel homme.

Cette remarque fait penser que le vrai moyen d'avancer et de compléter l'instruction d'un peuple, le vrai moyen de l'affranchir de tout préjugé anti-social, le vrai moyen de lui apprendre à n'attribuer les effets qu'aux causes auxquelles ils appartiennent, le vrai moyen de lui apprendre à reconnoître les erreurs, ainsi que les manœuvres contraires à ses intérêts, le vrai moyen de lui apprendre à ne porter attachement et vénération qu'aux grands hommes, qu'aux hommes qui lui ont procuré, et qui lui procurent les avantages les plus essentiels, c'est de lui présenter, en un seul tableau, un exposé chronologique et concis des principaux faits consignés dans l'histoire ancienne et moderne. *Voyez* LE PROSPECTUS DU COURS DE DROIT PUBLIC.

CROIRE. — C'est tenir pour vrai ce qui n'est pas démontré ; conséquemment c'est s'exposer à être trompé ; et nous le sommes immanquablement, quand nous *croyons* ce

que nous disent des gens qui sont intéressés
à nous en imposer.

CULTE DIVIN. — CULTES PRESBYTÉ-
RAUX. — L'homme, lui seul, est assez perfectible pour concevoir une idée de Dieu et
de ses commandemens : mais l'organisation
même en vertu de laquelle l'homme possède
cette prérogative, le rend susceptible d'illusions, de ridicules, de foiblesses, de tur-
pitudes, dont les autres êtres animés sont
exempts.

La volonté de Dieu, à l'égard de l'homme,
se manifeste évidemment et universellement.
Le genre humain peut et doit lui-même faire
sa destinée ; il peut et doit écarter les circonstances qui lui sont contraires, et produire
celles qui lui sont favorables.

Le *culte divin* consiste donc dans l'usage
de la pleine raison.

L'usage de la pleine raison décidera le
genre humain à faire succéder à des causes
politiques absurdes, des causes politiques absolument conformes aux lois de l'organisation
de l'homme ; et ces lois, conséquemment son
intérêt, exigent que ses pensées, ses goûts et
ses plaisirs s'épurent et s'accordent avec sa
conscience, et avec la conscience de ses con-

citoyens; par là même avec les principes du système social : car ce n'est que par leur action que la conscience du genre humain peut devenir UNE.

L'intérêt bien entendu triomphera de l'ignorance et des préjugés.

Ni la pompe dont le prestige a pu s'environner, ni la force armée, ni les sophismes n'ont point empêché que le système presbytéral ne devînt caduc; aussi le peuple Français n'a-t-il pu être insurgé sous le prétexte d'un de ces *dogmes*, d'une de ces *turlupinades* qui, *du tems de nos pères*, suffisoient pour allumer la guerre civile. De *notre tems*, pour donner au peuple Français cette commotion qui l'a déterminé à se lever en masse, il a fallu lui présenter un *principe politique et moral*; il a fallu proclamer les *droits de l'homme*.

Mais les *droits de l'homme* ne purent être proclamés en vain chez un peuple éclairé et invincible.

Les événemens que la proclamation des *droits de l'homme*, et l'opposition à *ces droits* ont occasionnés, devoient eux-mêmes avancer l'instruction nationale; et aujourd'hui, ni les riches, ni les pauvres, ni les législateurs, ni les gouvernans ne peuvent plus s'abstenir

d'acquérir

d'acquérir une connoissance entière de l'intérêt commun à tous.

Voilà pourquoi l'instruction nationale se
complettera. Oui, la nécessité elle-même fera
sentir à chaque Français, que pour se conformer à son véritable intérêt, il a besoin
que tous les Français puissent se conformer à
leur intérêt; conséquemment il sentira qu'il a
besoin que ses concitoyens s'affranchissent du
joug presbytéral, afin qu'ils sachent n'obéir
qu'aux commandemens de Dieu, qui eux-
mêmes sont les commandemens de la raison,
les commandemens de l'intérêt du genre humain.

L'évidence et la communauté des principes
du système social conduisent aux bonnes lois,
ainsi qu'au culte divin et à toutes les institutions salutaires.

Oui, la promulgation du système social au-
torisant et effectuant le perfectionnement des
hommes en masse, fera chercher et établir les
bonnes lois, les lois absolument conformes au
vœu de la nature, aux facultés et aux besoins
du genre humain.

De telles lois demeurent invariables, et l'é-
vidence ainsi que l'immutabilité de l'intention
du gouvernement, la certitude de la communauté des principes entre le peuple et ses ma-

G

gistrats, le bon exemple, l'imitation : l'accord
de la raison publique et de la force publique,
la nature elle - même, établissent nécessairement les bonnes mœurs.

L'excellence des mœurs privées consiste
dans leur rapport avec les lois de l'organisation de l'homme ; et l'excellences des mœurs
publiques ne consiste-t-elle pas dans leur rapport avec les lois sanctionnées par l'évidence
de l'intérêt du genre humain?

Entendez-vous les les demi-savans en appeler à *leur expérience des siècles?* ils vous
disent : *Le culte divin n'a existé nulle part ;
le peuple est un animal féroce qu'il faut tromper et museler ; le culte divin n'est qu'une
chimère ; mais la société a besoin de cultes
presbytéraux : car le monde ne se gouverne
qu'avec des opinions, n'importe lesquelles,
pourvu qu'elles forcent le peuple à renoncer
à la raison.*

C'est sur de tels sophismes que rouloit l'apprentissage de *l'art de mentir au peuple,* ou
l'éducation libérale tant recommandée par
Edmont Burck, et par tous les apôtres de la
doctrine double : mais les élèves ne pouvant
concevoir que DIEU eût créé le genre humain
pour être bafoué ; ne pouvant pas s'empêcher

de voir que le fait existoit, et n'ayant pas des notions assez approfondies pour pouvoir se représenter que le genre humain n'étoit la victime du *système de mensonge*, que par un concours de *causes politiques*, ils furent entraînés à penser qu'il étoit moins impie de ne point admettre DIEU, que d'avoir à le considérer comme inconséquent et cruel.

Sans doute un tel athée, un athée malgré lui, reconnoît le besoin d'un système social, le besoin des principes conformes aux intérêts de l'humanité; car il conçoit que le genre humain ne cessera d'être vicieux, criminel et malheureux, qu'après avoir mis sa perfectibilité en valeur, qu'après avoir acquis la connoissance de son intérêt, et celle du moyen de l'assurer.

Mais ladite *éducation libérale* a fait un grand nombre d'athées scélérats, d'athées qui, ainsi que les idiots, ainsi que les gens qui aiment à croire au mensonge, aux absurdités, aux révélations, s'associent avec les assassins les plus lâches, avec les prêtres, pour tuer la raison, l'évidence et la morale.

C'est par l'absence de la raison que l'homme devient un hypocrite, un scélérat; n'importe que l'accident soit occasionné par un vice héréditaire, cause très-rare, ou par des vices acquis, cause d'autant plus fréquente, que les circonstances contrarient plus généralement le bon usage des facultés intellectuelles.

Il falloit que les crimes les plus atroces se multipliassent, qu'ils devinssent habitude dans le tems où les prêtres dominoient sur les rois et sur les peuples.

Un peuple devenu capable de renoncer à toute opinion et pratique presbytérales, acquiert par-là même les connoissances et la sagesse qui tarissent la source des erreurs ainsi que des crimes, et qui fondent le respect des personnes et des autres propriétés sur une base évidente et immuable.

Tout au contraire, dans un état où les *opinions presbytérales* dominent, les fripons de toute cathégorie trouvent mille occasions d'user la vie du pauvre, ainsi que de dévorer la chose publique : et les factieux en toute contrée où il y a un *culte presbytéral*, n'y trouvent-ils pas un point d'appui dans le prétexte, soit de le renverser, soit de le soutenir?

Il faut donc, lorsque l'instruction du peuple est, en général, si avancée que le peuple conçoit que son intérêt exige que le *presbytéralisme* s'anéantisse, être un fripon incorrigible, un factieux, un frénétique, être devenu imbécile par l'habitude de croire aux prêtres, ou se trouver précisément dans un cas d'exception, pour ne pas ouvertement abhorrer et rejeter tous les cultes *presbytéraux* avec les croyances qu'ils supposent.

Quant aux fripons et aux factieux, c'est à l'esprit public à les poursuivre, et aux lois à les atteindre ; quant aux frénétiques, s'ils menacent de quelque danger, la police doit les séquestrer ; quant aux imbéciles, leur maladie a besoin de commisération ; aussi tous les cultes *presbytéraux* doivent-ils être tolérés, de manière cependant qu'ils ne provoquent point le fanatisme, et que d'ailleurs leur exercice ne soit en rien incommode au public.

Concluons que la religion d'un peuple convaincu que Dieu a doué l'homme de raison afin qu'il s'en serve en toute occasion importante, ne sera plus scandaleuse, immorale, impolitique ; mais une comme Dieu et la vérité, la religion de ce peuple sera pure ; elle sera absolument conforme aux facultés et aux besoins de l'homme ; elle sera édifiante, elle sera divine.

Alors la patrie et le bonheur pourront se réaliser, et ils se realiseront nécessairement : chaque Français, indépendant de tout préjugé anti-social, mais soumis à la loi qui le pro-

tége, s'assurera tous les succès dus à son travail et à sa conduite. Il pourra se conformer
à son intérêt capital et à tous ses intérêts ; il
aura donc réellement une patrie ; il aura la
conscience du pouvoir moral, et il connoîtra,
il sentira le bonheur ; ses pensées et ses actions
seront d'accord avec la pleine raison, avec les
principes du systême social ; conséquemment
avec sa conscience et avec la conscience de
ses concitoyens (*).

DÉLIBÉRER. — *C'est examiner, c'est consulter en soi-même ou avec les autres* (**).

On n'examine que ce qui n'est pas assez
connu ; on ne consulte que pour se procurer
des renseignemens, des avis.

Nos armées ont-elles délibéré pour faire
leurs adresses au directoire exécutif ? Non.

Il étoit évident que la majorité du conseil
des cinq-cents se comportoit contre-révolu-
tionnairement : les armées Françaises n'ont
donc pas délibéré ; mais d'un mouvement
spontanée, d'un assentiment unanime, elles
ont manifesté l'intention de maintenir les principes du systême Français ; et certes, il ap-

____

(*) Article fait en l'an 5.
(**) Dictionnaire de l'Académie française.

partient aux citoyens, qui, pour les faire
triompher, ont eu tant de victoires à rempor-
ter, il leur appartient aussi bien qu'à tous les
citoyens, de les faire respecter.

Il ne faut que des esclaves, des automates
à un despote; mais la France a besoin que
ses défenseurs aient tous le sentiment de la
dignité de l'homme, et conséquemment la
connoissance de ses droits et de ses devoirs.

Et les soldats qui, pour assurer une paix
honorable à leur patrie, ont bravé tant de
dangers, et ont donné tant de preuves du plus
entier dévouement, ne se contentent pas des
trophées militaires; tous ils savent s'appro-
prier le caractère de *citoyen*, caractère dis-
tinctif du *soldat-Français*; et c'est pour cela
même que l'accord de la raison et de la force
fait triomper le système Français de tous ses
ennemis. *Voyez* FORCE ARMÉE.

DESIRS. — Nos *desirs* dépendent ou de
l'éducation, ou de l'exemple, ou de certaines
sensations que nous recevons de nos organes
sans l'influence des objets externes; ils nais-
sent aussi de l'action simultanée de ces trois
causes. Les hommes qui méconnoissent les
lois et le vœu de la nature, qui conséquemment ne sauroient s'empêcher de pervertir

leur instinct et de résister à la raison, sont agi-
tés par des *desirs* compliqués, inconciliables,
pernicieux : mais si nous parvenons à bien
entendre notre intérêt, alors, à mesure que
nous acquerrons l'habitude de nous y conformer, nos *desirs* nous porteront plus souvent
à procurer de vrais avantages et à nous et aux
autres. *Voyez* PHILOSOPHIE.

DESPOTISME. — C'est le pouvoir absolu,
le pouvoir du plus fort.

Il faut que le *despotisme d'homme à homme*
existe par-tout où la loi n'est pas despotique
elle-même ; mais jusqu'à nos jours, les bonnes
lois ont manqué au genre humain, et en tout
lieu, le plus fort a été le maître du foible.
Voyez CIVILISATION.

DESTINÉE. — C'est la cause de ce qui est
arrivé et de ce qui arrivera. Les circonstances
étant telles ou telles, il faut qu'il s'ensuive
tels ou tels événemens. Concluons que rien
ne nous importe plus que d'étudier et de perfectionner l'art de placer le genre humain
dans les circonstances qui le déterminent à
bien entendre son intérêt, et à se l'assurer.
C'est l'objet de la *philosophie*, c'est l'objet de
la *politique* et de la *morale*. *Voyez* FORTUNE,

Morale, Nature, Philosophie, Système social. *Voyez* Science du bonheur, volume V.

DEVOIR. — Les lois, le sentiment et la raison nous dictent des *devoirs*. Le motif des devoirs de tous les citoyens consiste dans la certitude de l'entière jouissance de leurs droits; conséquemment il suppose l'*instruction nationale*, il suppose la communication intégrale et solemnelle des principes du système social, il suppose la connoissance acquise de l'intérêt bien entendu, et du moyen de l'assurer. *Voyez* Intérêt, Motif, Nature, Philosophie, Système social.

DICTATURE. — *Voyez* Précis historique.

DIEU. — D'où vient que ce mot, qui ne devroit jamais être proféré en vain, qui devroit toujours l'être avec respect, est un de ceux dont la plupart des hommes se servent sans réflexion, et même pour exprimer les sentimens les plus désordonnés? C'est qu'il y a des prêtres.

Les prêtres de toutes les sectes attribuent

à Dieu des qualités qui répugnent directement à son essence ; qui conséquemment en
donnent une idée absurde, idée de laquelle
dérivent la superstition, l'impiété, le blas-
phême.

Les détails sur les diverses fables sacerdotales, sont consignés dans la seconde partie
du *Cours de droit publique*. Ici nous nous
bornerons à faire remarquer que les sectes
sacerdotales se comptent par milliers ; qu'il
n'y en a point qui n'ait occasionné des dé-
sastres épouvantables ; car les prêtres, pour
maintenir leurs sectes, poursuivent le genre
humain avec les fléaux les plus cruels ; ils le
forcent à être l'ennemi de lui-même, à être
furibond, imbécile, hypocrite, et voilà comme
les prêtres vous conduisent à l'athéisme.

Que doivent faire les hommes pour concevoir de Dieu une idée qui soit conforme à
son essence ?

Ils doivent commencer par rejeter toute
révélation. A quoi bon une révélation, à
moins que ce ne fût pour instruire de la chose
à révéler clairement, solemnellement et universellement tous ceux qu'elle devoit intéresser ? La révélation ne se seroit donc pas faite
clandestinement, ne se seroit pas faite à un

seul homme, mais elle se seroit faite à la fois à tout le genre humain.

Dieu ne cesse de manifester sa volonté à notre égard; l'expérience la plus constante atteste, que l'homme qui, sous quelque prétexte que ce soit, renonce à la raison, devient la dupe de ses passions et de celles des autres : mais en cultivant la raison, l'homme apprend à se former des idées exactes sur les facultés qui dérivent de son organisation, ainsi que sur les circonstances qui en favorisent ou en contrarient le bon usage; il sent que pour résister aux vices, pour se rendre heureux, pour réellement se conformer à son intérêt, il a besoin que les hommes en général puissent aussi se conformer à leur intérêt; que conséquemment ils se déterminent à écarter toutes les *causes politiques*, qui dégradent les facultés sensitives et intellectuelles.

Les gouvernans ont fait tant de sottises; les hypocrites et tous les brigands ont trompé et ruiné les nations, parce que les nations ignoroient ce qu'elles pouvoient et ce qu'elles devoient faire.

Un peuple qui écoute la raison, comprend bientôt, que les hommes en se guérissant de l'ignorance, se garantiroient de toutes les ca-

làmités qu'occasionnent les *causes politiques;*
que même ils pourroient se préserver de plusieurs fléaux qui tiennent aux *causes phy-*
siques.

Ce sera ainsi que tous les peuples arriveront à la connoissance de la vraie religion,
de la religion universelle ; car tous les peuples sont capables de comprendre que la vraie
religion ne se fonde point sur ce que des
fourbes et leurs sectaires appellent une révélation.

La religion universelle, la religion qui
émane de la vérité, qui émane de DIEU, a
pour base les principes du systême social,
pour objet le perfectionnement des facultés
de l'homme, pour moyen sa perfectibilité,
et pour motif l'intérêt bien entendu, l'intérêt de chaque homme, l'intérêt du genre
humain.

DIEU EST BON, JUSTE, IMMUA-
BLE. Il a doué le genre humain de facultés au moyen desquelles le genre humain
peut faire valoir les plus belles prérogatives;
mais, pour jouir de tous les droits qui appartiennent à sa nature, pour mériter le bonheur, le genre humain doit acquérir le perfectionnement dont DIEU l'a rendu suscep-

tible. *Voyez* Science du bonheur, volume V.

DILAPIDATION. — *Voyez* Gouvernement.

DOCTRINE DOUBLE. — Son objet est exécrable : car mentir au peuple, c'est perpétuer sa crapule.

Les prêtres et les autres exclusifs, sont forcés à être absurdes, sont forcés à soutenir que la morale pour remplir son objet, a besoin d'être occulte. *Voyez* Civilisation.

DROIT. — Les Français ont brisé les autorités *héréditaires, vénales et toutes les autorités parasites* : en toute occasion, ils écartent l'arbitraire ; ils ne s'en laissent plus imposer par cet infernal galimatias, à la faveur duquel les rois, les papes et leurs ayant-cause, pouvoient déraisonner au gré des passions et du caprice.

Aujourd'hui les Français savent et ils démontrent qu'une nation doit s'assurer ses *droits* par la force des armes, précédée et appuyée de l'étude et de la connoissance de ses intérêts. Quant aux *devoirs*, une nation éclairée et valeureuse n'en admet point d'au-

tres que ceux que dicte l'*esprit public*, l'intérêt de tous.

La science du *droit des gens* est nulle, il-
lusoire, chimérique, ou bien elle a pour objet
de *donner tous les caractères de l'évidence
au motif des devoirs d'une nation envers son
gouvernement, au motif des devoirs d'un gouvernement envers la nation, ainsi qu'au motif des devoirs que les gouvernemens ont à
remplir entre eux.*

Les faits les plus authentiques et les plus
multipliés que l'histoire nous ait transmis,
apprennent que la science du *droit public,* la
science de l'intérêt du genre humain ne peut
qu'être stérile, si elle ne trouve des occasions
décisives pour pouvoir indiquer aux peuples
eux-mêmes en quoi leurs intérêts consistent,
et pour établir en même tems une garantie
réelle, une garantie réciproque entre les gouvernés et les gouvernans.

L'*esprit public* s'avance, et l'Europe s'a-
perçoit de la monstruosité, de la caducité,
de la nullité du système féodo-presbytéral;
immanquablement donc l'Europe doit se soustraire à l'empire féodo-presbytéral, et les nations n'admettant que des principes incon-
testables, voueront leur respect et leur obéis-

sance aux lois qu'elles sauront être évidemment établies pour leurs intérêts.

La vérité, se substituant au mensonge, consolidera les gouvernemens philosophiques, et
en augmentera la vigueur, à mesure que l'instruction s'universalisera : au contraire, le systême féodo-presbytéral, incohérent par son
essence, corrupteur par ses besoins, concussionnaire, anarchiste et meurtrier par des accidens qu'il nécessite (comme périodiquement), ne tient et ne peut tenir son crédit
que du défaut de la communication du bon
sens. Le systême féodo-presbytéral s'usera
donc avec les ressources de la férocité et de
l'imposture. *Voyez* CAUSE, ESPRIT PUBLIC,
INSTRUCTION, INTÉRÊT, MORALE, NATURE,
PHILOSOPHIE, PRINCIPE, SYSTÊME SOCIAL.
Voyez NOUVEAUX RÉSULTATS DE L'INSTRUC-
TION, vol. V.

DYNASTIE. — *Voyez* PRÉCIS HISTO-
RIQUE.

EDIFICATION. — *Voyez* CULTE DIVIN.
Voyez NOUVEAUX RÉSULTATS DE L'INSTRUC-
TION, vol. V.

ÉDUCATION. — Par l'*éducation*, l'élève

reçoit des principes ou des préjugés, des habitudes et des dispositions. La bonne *éducation* consiste à donner aux organes, conséquemment aux facultés intellectuelles et mécaniques, le développement le plus avantageux pour remplir les fonctions auxquelles l'élève est destiné.

L'éducation dite *libérale*, est, selon les professeurs de la *doctrine double*, l'apprentissage de *l'art de mentir au peuple. Voyez* ENFANCE, INSTRUCTION, NATURE, PERFECTIBILITÉ.

ÉGALITÉ. — *L'égalité en droits, l'égalité civile* consiste à n'être obligé de faire que ce que la loi ordonne à tous; conséquemment elle consiste dans l'indépendance de l'arbitraire, dans l'indépendance des autorités illégitimes. *Voyez* CIVILISATION, GARANTIE, INTÉRÊT, INSTRUCTION, LIBERTÉ, PRINCIPE, PROPRIÉTÉ.

ÉLECTION. — C'est au souverain, c'est au peuple à nommer ses fonctionnaires; mais jusqu'à ce que le peuple ait acquis l'expérience nécessaire, il sera exposé à se porter infiniment de préjudice par l'exercice même de la souveraineté. Pour en obtenir des avantages

tages réels, le peuple doit apprendre à en faire un usage conforme à ses intérêts.

En attendant que le peuple ait acquis la connoissance des moyens d'assurer ses intérêts; en attendant que le peuple sache conformer son vœu matériel à son vœu intentionnel, la raison, l'*intérêt de tous*, exige que les législateurs et les gouvernans n'obéissent qu'à son vœu intentionnel, qui n'est autre que le desir de ne jamais oublier ni blesser ses intérêts.

Conséquemment le corps législatif doit écarter ces hommes qui, élus par supercherie ou par violence, ne pourroient que nuire aux intérêts du peuple, s'ils étoient effectivement admis aux fonctions publiques.

Ce rejet procurera non-seulement l'avantage essentiel de garantir le peuple de la perfidie et des prévarications de ces individus, que l'intrigue ou la terreur auroit fait nommer aux fonctions publiques, mais aussi celui de faire renoncer à des entreprises qui ne seroient plus que vaines, puisque les ennemis du peuple, après avoir fait élire leurs affidés, ne pourroient cependant les introduire ni dans le corps législatif, ni dans les autres magistratures.

Remarquons aussi que, chez une nation qui

H

sent le besoin de connoître son intérêt, le choix de ses fonctionnaires deviendra d'année en année plus satisfaisant. Disons plus : DE PAR L'ESPRIT PUBLIC, DE PAR L'INTÉRÊT BIEN ENTENDU, DE PAR L'INTÉRÊT DE TOUS, le choix deviendra excellent ; il deviendra conforme à son objet.

Quant aux brigands hypocrites qui, à travers une confusion que les événemens ont rendu inévitable, se sont glissés dans les tribunaux et dans les administrations, ils manqueront d'expédiens pour trahir la nation, à mesure que la nation acquerra l'instruction en vertu de laquelle ses intérêts se feront nécessairement respecter (*). *Voyez* INSTRUCTION, INTÉRÊT, NATURE, PRINCIPE, VOEU INTENTIONNEL. — VOEU MATÉRIEL.

ÉLÉMENS. — Ce sont les principes les plus simples et les mieux établis. *Voyez* PRINCIPE.

ÉLOQUENCE. — Son but est de persuader. Elle suppose l'ignorance, ou du moins l'oubli du meilleur moyen d'agir conformément à un plus ou moins grand intérêt. Aussi

---

(*) Article fait en l'an 5.

l'*éloquence* consiste-t-elle dans l'art de présenter l'objet dont elle s'occupe avec la méthode la plus propre à disposer à son gré, soit des facultés intellectuelles, soit des passions.

Mais si l'orateur se trompe lui-même sur l'intérêt des hommes qu'il veut persuader; si, par exemple, il s'imagine que la *doctrine double* est encore une merveille, conséquemment que les gouvernés doivent demeurer superstitieux; alors plus l'orateur auroit de talens, plus il seroit dangereux.

Il appartient à la philosophie d'affoiblir et de paralyser un pouvoir si détestable; elle lui oppose le perfectionnement des hommes en masse; et aujourd'hui en France l'esprit humain a fait des progrès si décisifs, que les empiriques qui ne se constituent orateurs que pour avoir occasion de nous dire qu'ils ont un grand caractère moral, et que nous devons être assez sots pour y croire, assurent en vain qu'il n'y a *point de salut sans opinions :* mais les philosophes, les hommes qui savent se conformer à l'intention de Dieu, parviennent à *substituer l'évidence aux opinions* en tout ce qui concerne les intérêts du genre humain. *Voyez* Intérêt, Nature, Philosophie.

H 2

ENFANCE. — L'*enfance* exige des atten-
tions particulières : nous devons le plus grand
respect et la plus grande sollicitude à l'âge
tendre où les impressions laissent des em-
preintes capables de décider du sort de la vie.

Tant que vous commencerez par inculquer
à un *enfant* les opinions que vous appelez *la
religion de vos pères*, vous le forcerez à recevoir une croyance sans examen, à en exercer le culte par imitation; conséquemment,
en ce qui intéresse essentiellement l'état social, à s'abstenir de l'usage de la raison.

Que l'*enfance* et la première jeunesse soient
à l'abri de tout exemple, de toute autorité
dont l'action ne pourroit que dégrader la nature humaine, ne pourroit qu'accabler la raison, ne pourroit que familiariser avec la superstition, que fausser et l'esprit et le cœur.

Ces gens qui veulent qu'on continue l'enseignement des catéchismes presbytéraux, sont
ennemis du pouvoir moral; ils veulent faire
accroire au peuple ce qu'ils ne croient pas
eux-mêmes; et ils s'imaginent justifier une
telle lâcheté, une telle perfidie, en avançant
qu'*il faut un frein aux hommes indigens, et
qu'à cet effet il faut leur en imposer par des
opinions superstitieuses.*

C'est aux hypocrites, c'est aux partisans du système de mensonge qu'il faut un frein.

La révolution Française et l'histoire entière du genre humain attestent que les partisans du système de mensonge avec leurs richesses, leur ignorance et leur impiété, violent habituellement, et chez eux et chez autrui, la propriété la plus précieuse, la RAISON ; propriété sans laquelle l'homme est ou activement, ou passivement pernicieux à la société. Mais les hommes qui ne possèdent que les propriétés inhérentes à leur organisation, s'ils sont affranchis du presbytéralisme, si leur raison est cultivée, offrent à la société une responsabilité complète ; ils possèdent la propriété la seule valable pour répondre de leur obéissance aux lois protectrices de toutes les propriétés.

Il importe donc à la génération présente, ainsi qu'aux générations à venir, de substituer aux *catéchismes presbytéraux* un *catéchisme* où la morale soit enseignée aux *enfans* avec la simplicité, la clarté, la pureté qu'elle exige pour ne rien perdre de son efficacité. *Voyez* CIRCONSTANCES, CULTE DIVIN, DIEU, MORALE, VERTU, NOUVEAUX RÉSULTATS DE L'INSTRUCTION, vol. V.

ENTENDEMENT. — C'est la faculté de

comprendre ce dont nous avons à nous occuper. *Voyez* INSTRUCTION.

ÉQUIVOQUE. — Le calembourg le plus
saugrenu et le sophisme le plus imposant appartiennent à l'*équivoque*. FONTENELLE ren-
voyoit à la bible un homme qui le consultoit
sur ce qu'il devoit croire ou ne pas croire.
Maintenant il suffit de dire aux gens qui se-
roïent encore indécis : *Lisez et méditez la
douzième satyre de* BOILEAU.

ERREUR. — Opinion dont la fausseté est
démontrée. Les sots et les poltrons courent
au-devant de l'erreur ; les fripons en profitent.
Voyez OPINION.

ESPRIT. — C'est une faculté qui rend apte
à acquérir et à communiquer des connoissances et des sensations. Elle est inutile, elle devient même dangereuse pour nous et pour
les autres, si nous ne nous habituons pas à
en faire un bon usage. *Voyez* NATURE, PHI-
LOSOPHIE.

ESPRIT FACTIEUX. — Il s'oppose au vœu de
la nature ; il veut satisfaire un intérêt illégitime : il a donc besoin de pervertir l'instinct

du genre humain, de dégrader toutes ses facultés, en un mot, de perpétuer son ignorance et ses préjugés.

Un préjugé est une opinion, une croyance dont les gouvernans ineptes ou scélérats, et les intrigans subalternes se servent pour exercer l'oppression et le brigandage.

Par-tout où le systême social, le vœu de la nature, l'intérêt du genre humain est méconnu, les factions renaissent les unes des autres, et les vainqueurs comme les vaincus, ne sont que des factieux, puisque chez les uns et chez les autres, il ne s'agit que de faire régner des opinions : mais quand un peuple combat contre des autorités qui persistent à le retenir sous le joug des *préjugés*, le triomphe de ce peuple intéresse le genre humain.

Le salut du genre humain exige que le bon sens dissipe tous les *préjugés* en ce qui concerne le gouvernement et les administrations.

Le gens qui, en affaires de gouvernement et d'administration, et chez un peuple disposé à s'éclairer sur son intérêt, continuent à débiter la maxime : *il y a des préjugés respectables,* sont atrocement mal avisés.

Esprit national. — Il tend à procurer des avantages à la patrie, même au détriment

des autres nations. L'*esprit* qui n'est que *national* est donc défectueux. Susceptible de s'é-
garer dans le choix des moyens qu'il emploie,
il provoque quelquefois des événemens absolument opposés à son intention. *Voyez* vol. V,
page 200 et suiv.

Esprit public. — Il exige la connoissance
exacte de l'intérêt personnel; conséquemment
la communication des principes du système
social.

Par son origine et par son motif, l'*esprit
public* s'appuie toujours sur la vérité, agit par
l'évidence, et se manifeste à l'univers en ac-
cordant la force avec la raison.

L'*esprit public* communique les notions
dont tous les hommes ont besoin pour s'assurer la jouissance de leurs droits. Il est de
l'essence de l'*esprit public* de s'universaliser,
et en se propageant, de conformer le vœu matériel du genre humain avec son vœu intentionnel; conséquemment il ôte les prétextes
aux priviléges et aux autres abus; conséquemment il force les prêtres, ainsi que les autres
hypocrites, brigands et factieux, à renoncer
à leurs desseins, ou bien il les force à se ranger sous l'étendard de la rebellion, et alors il
les foudroie.

La propagation de l'*esprit public* dépend du nombre des hommes instruits, et de la réunion des autres circonstances politiques qui nécessitent les gouvernans et les gouvernés à n'avoir qu'un même intérêt.

A l'époque où les premiers fonctionnaires d'une nation acquièrent assez de lumières et de vertus pour n'agir que d'après des principes républicains, d'après des principes d'ordre et d'économie, d'après des principes conformes et à l'intérêt de la nation et à l'intérêt du genre humain; certes, alors l'*esprit public* s'avance rapidement : disons mieux, l'*esprit public* inspire la nation entière; car chaque gouverné, convaincu par l'exemple des gouvernans, que l'unique moyen de s'assurer son véritable intérêt, consiste dans la pratique de ses devoirs, se détermine et s'habitue à l'employer.

Mais aujourd'hui les gouvernans seroient tous, sans exception, conjurés contre l'*esprit public*, que ce seroit à leur confusion. L'*esprit public* s'est si fort avancé, qu'il poursuit, renverse, écarte ces personnages perfides, absurdes, ces personnages assez mal avisés pour s'imaginer donner à l'Europe le change sur leur conduite.

L'*esprit public* lui seul est tout-puissant,

infaillible, invincible, majestueux; car il met en évidence ses principes et leurs résultats. *Voyez* INSTRUCTION, INTÉRÊT, NATURE, NÉCESSITÉ, PHILOSOPHIE, POUVOIR MÉTAPHYSIQUE, POUVOIR MORAL, SYSTÊME SOCIAL, VERTU. *Voyez* SCIENCE DU BONHEUR, volume V.

ESSENCE. — C'est ce qui constitue une chose ; c'est *ce pourquoi* une chose est ce qu'elle est; ce *sans quoi* une chose ne seroit plus ce qu'elle est. Il est de l'*essence* des prêtres de tromper le peuple; car ils cesseroient d'être prêtres, s'ils cessoient de lui en imposer. *Voyez* NATURE, NÉCESSITÉ.

ÉTAT. — Ce mot, ainsi que nombre d'autres, a plusieurs acceptions. On entend par *état, les gouvernés et les gouvernans d'une nation,* une *liste,* un *registre,* un *office,* une *charge,* une *profession,* la *disposition* dans laquelle se trouve une personne ou une affaire.

ÉVIDENCE. — C'est la vérité démontrée. *Voyez* MÉTAPHYSIQUE, PHILOSOPHIE.

EXCLUSIF. — *Voyez* ABRUTISSEMENT, ANARCHIE, ARISTOCRATIE, CONSPIRATION,

Doctrine double, Faction, Opinion, Presbytéralisme, Système de mensonge.

EXEMPLE. — L'homme étant imitateur,
c'est un malheur pour lui d'être environné de
mauvais *exemples*. *Voyez* Circonstances,
Imitation, Pouvoir.

EXPÉRIENCE. — Il faut y recourir, mais,
la consulter avec sagacité ; ce n'est que par
l'habitude de faire des réflexions sur tous les
résultats de l'*expérience*, qu'on parvient à ne
pas s'en laisser imposer. *Voyez* Introduction, p. 11. *Voyez* Métaphysique, Nature,
Philosophie.

FACTION. — Parti dans un état. Celui qui
devient le plus fort ne manque pas de traiter
les autres de *factieux*. Par-tout où le vœu de
la nature, l'intérêt du genre humain, le systême social est méconnu, les *factions* renaissent les unes des autres, et les vainqueurs
comme les vaincus ne sont que des *factieux*,
puisque chez les uns et chez les autres il ne
s'agit que de faire régner des opinions ; mais
quand un peuple combat contre les autorités
qui s'appuient sur la superstition, le triomphe
de ce peuple intéresse le genre humain ; car

le salut du genre humain exige que l'évidence triomphe par-tout des préjugés.

FACULTÉ. — *Pouvoir* dépendant de nos organes. Les *facultés* qui existent en nous sont ou *intellectuelles*, ou *sensitives*, ou *mécaniques*.

Au moyen des *facultés sensitives*, nous exerçons les fonctions désignées par les mots *tact, vue, ouïe, goût, odorat.* Ces fonctions infiniment importantes par elles-mêmes, le sont encore en ce que ce n'est que par elles que les *facultés intellectuelles* se développent et se perfectionnent. Au moyen des *facultés intellectuelles*, nous concevons et communiquons des idées, nous nous en ressouvenons, nous les comparons entre elles, et nous en portons un jugement. Au moyen des *facultés mécaniques*, nous pouvons porter des fardeaux, soulever des poids, et faire acquérir une adresse admirable à quelques-uns de nos organes.

Au moyen de toutes nos *facultés*, nous pouvons penser, sentir et agir tout-à-la-fois. *Voyez* INTÉRÊT, NATURE, PROPRIÉRÉ, POUVOIR, SENS, SENTIMENT.

FANATISME. — C'est un *virus* politique

que des fourbes inoculent à des sots; c'est
une fureur que, sous quelque prétexte, et le
plus fréquemment sous celui d'un ou de plusieurs *articles de foi*, des scélérats excitent
chez un peuple stupide, dans le dessein de
faire triompher leur faction. *Voyez* CROIRE,
CULTE, FACTION, FOI, POPULACE, PRÉTEXTE,
RÉVÉLATION, SOPHISME.

FÉODALITÉ. — La *féodalité* tend à perpétuer l'insolence des suzerains, la bassesse
des vassaux, l'oppression des peuples, l'in-
quiétude, la méfiance et la mauvaise foi des
uns et des autres. Un tel système est anti-physique, anti-moral, directement opposé à l'intérêt bien entendu, à l'intérêt du genre humain, aux *droits* et aux *devoirs de l'homme*.
Un peuple qui n'est ni ignorant, ni couard,
supprime la *féodalité*. *Voyez* DROIT, ESPRIT
PUBLIC, NATURE, SYSTÈME SOCIAL.

FÊTES. — *Voyez* volume V, page 61 et
page .

FINANCES. — *Voyez* CRÉDIT, IMPOT.
Voyez RÉSULTATS ACTUELS DE L'INSTRUCTION,
vol. V, page 104 et suiv.

FOI. — La croyance aux mystères constitue la *foi,* et cette croyance a pour motif une révélation. La *foi* est donc une persuasion déterminée par l'ascendant d'un individu qui a voulu persuader qu'il étoit le médiateur entre Dieu et les hommes.

Il résulte des faits les plus multipliés et les mieux observés, que la *foi* des peuples en la parole d'autrui, a courbé le genre humain sous le joug presbytéral, le joug le plus odieux et le plus hideux. Les prêtres perpétuent l'ignorance, l'avilissement du genre humain ; ils nécessitent les vices, les crimes et les malheurs les plus affreux.

Il résulte des faits les plus multipliés et les mieux observés, que le fanatisme a été funeste aux rois et aux peuples. Rien n'est donc plus important et pour les peuples et pour les rois, que de substituer la vérité au mensonge, et le bon sens au prestige, conséquemment les principes dictés par la pleine raison, les principes qui émanent de la vérité et qui agissent par l'évidence, les principes identiques avec les commandemens de Dieu aux écarts qui partent de l'imagination: *Voyez* Arbitraire, Chimère, Croire, Cultes presbytéraux, Conduite, Destinée, Doctrine double, Fanatisme, Hasard, Homme, Ignorance,

ILLUSION, IMITATION, IMPOSTURE, OPINION, POPULACE, PRÉTEXTE, PRÊTRISE, RÉVÉLATION, SOPHISME, SUPERSTITION, SYSTÊME DE MENSONGE.

FORCE ARMÉE. — Il importe au genre humain de réfuter le sophisme duquel s'autorisent des hommes qui se croyent inexpugnables par cela seul qu'ils exercent la souveraineté; tandis qu'un individu qui exerce la souveraineté, doit être infiniment attentif à mériter l'estime et la bienveillance des gouvernés.

Selon les fripons et les poltrons, il ne faut jamais déconsidérer les personnages qui gouvernent; car, dès qu'ils sont déconsidérés, ils ne peuvent plus faire le plus grand bien, même ils n'en peuvent plus faire; et puis l'on conclut que la nation se nuit à elle-même en déconsidérant les individus qui gouvernent.

Mais les républicains trouvent que des gouvernans déconsidérés ne ressemblent pas mal à ces femmes de mauvaise vie qui se plaignent de ne pouvoir bien se comporter, parce qu'on les connoît.

Les fripons et les poltrons, afin de faire accroire qu'il y a moins de mal à laisser un large cours aux dilapidations, que de décon-

sidérer les gouvernans, ont besoin que la nation ne s'aperçoive pas que le mot *gouvernement* et le mot *gouvernans* signifient deux
choses très-différentes.

Ce perfide *quiproquo* donne le change aux
esprits assez paresseux et assez imprudens pour
ne pas oser se représenter que les *pouvoirs systématiques constitués en France* sont conformes aux intérêts de la nation ; conséquemment que les *gouvernans* peuvent et doivent
être punis s'ils sont prévaricateurs ; que la
punition des *gouvernans prévaricateurs*, loin
de contrarier le *gouvernement*, sera un effet
des principes du système social, effet qui procurera aux pouvoirs systématiques constitués
conformément à l'intérêt national, leur direction et leur vigueur naturelles et nécessaires.

Les seuls ennemis que la France ait à re-
douter, ce sont les SOPHISMES ET LES DILA-
PIDATIONS. Le peuple Français le sait bien ;
aussi étoit-ce en vain qu'en l'an sept, la horde
des brigands insinuoit que la *force armée*
étant aux ordres des personnages qui payent,
seroit aux ordres des *directeurs ;* quoiqu'ils
eussent, en moins de deux ans, converti les
succès les plus signalés en revers cruels.

Les gouvernans, quand ils perdent l'estime
et la confiance d'une nation libre, et qui s'é-
claire

claire sur son intérêt, s'anathématisent eux-
mêmes; et quand, en même tems, la série des
événemens, le témoignage de faits notoires et
multipliés les accusent ou d'ineptie ou de prévarication, il faut que de tels gouvernans se
laissent congédier, ou traduire devant la loi :
car, il ne se trouveroit pas un général assez mal-
avisé pour se prostituer à leur cause ; et le
soldat Français n'est-il pas citoyen en même
tems que soldat ?

Vous citez le 18 *fructidor;* et nous aussi,
nous le citons.

Le souvenir du 18 *fructidor* ne peut inquié-
ter que les hommes qui ne savent pas se démontrer que les principes du système social
triompheront de toutes les factions.

Si la *force armée* a secondé l'ESPRIT PUBLIC
alors qu'il existoit des circonstances qui ne
permettoient de maintenir les principes du
système social, que par une mesure anti-
constitutionnelle, à plus forte raison la *force
armée* secondera-t-elle l'ESPRIT PUBLIC dans
les cas où la loi se manifesteroit elle-même.
Des soldats Français, des soldats citoyens dirigent leurs armes contre les traîtres, et non
contre la patrie.

Si vous me demandiez des exemples, je vous

I

renverrois au 18 fructidor an 5, et aux 18, 19 et 20 brumaire, an 8.

FORTUNE. — Ce mot s'emploie pour dire *des richesses plus ou moins surabondantes.* Le mot *fortune* s'emploie aussi comme synonyme de *destinée.*

Nous nous faisons de fausses idées sur ce qu'on appelle *fortune, destinée,* parce que notre ignorance ou nos préjugés nous empêchent de savoir comment telle ou telle chose est arrivée. Tous les effets sont déterminés nécessairement ; quelque défaut ou quelque valeur qu'ait eu le motif de l'application d'un moyen, il n'agit jamais par hasard, mais le concours des circonstances lui fait produire tels ou tels effets.

Nullum numen habes, si sit prudentia ; sed nos
Te, fortuna, Deam facimus, cœloque locamus (1).

Un individu qui emploie des pratiques et

______

(1) *Juvénal, satyre X, vers 365 et 366.* Que peut la fortune, si nous sommes prudens ? O fortune ! c'est nous qui t'avons déifiée, qui t'avons placée dans les cieux. (*Version de Dussaux.*)

Note du traducteur. *Ceux qui lisent* nullum numen

des instrumens précisément contraires au succès, est en démence : mais quand une telle
conduite est celle des personnages qui gouvernent, quelle épithète donner à ces personnages? *Voyez* NATURE, NÉCESSITÉ, OCCASION
THÉORIE.

Le PEUPLE FRANÇAIS apprend (2 messidor
an 8) que son armée de réserve vient de gagner
une bataille décisive.

Son armée d'Allemagne continue à être vic-
torieuse; dans l'intérieur, l'ordre et la méthode succèdent à la confusion et au brigandage; et il étoit question, il n'y a pas huit
mois, de déclarer la *patrie en danger!*

Cela n'empêche point une espèce de gens
de dire froidement : *BONAPARTE est heureux.*

Oui, messieurs, il est heureux ; mais ce
n'est point comme vous affectez de l'entendre : ce n'est point par hasard, c'est nécessairement.

Il est heureux, parce qu'il n'a jamais résisté

---

abest, *l'expliquent ainsi* : La prudence tient lieu de
tous les Dieux; *mais cette autre leçon* nullum numen
habes *a prévalu, parce qu'elle offre un plus beau sens.*

à la justesse de son esprit, ni à l'élévation de ses sentimens; il est heureux, parce qu'il s'est rendu aussi habile à écarter les circonstances contraires, qu'à produire celles qui préparent et assurent les succès.

Il est heureux, car il s'occupe à la fois avec enthousiasme et avec sagesse des intérêts d'un *PEUPLE LIBRE, ÉCLAIRÉ ET SENSIBLE;* il est heureux, car il mérite l'estime de lui-même : il est fidèle à son génie, il est fidèle *A LA RAISON ET A LA LIBERTÉ;* et *LA RAISON ET LA LIBERTÉ* triompheront de leurs ennemis.

GARANTIE. — Pour qu'il s'établisse une garantie capable d'empêcher et les gouvernés et les gouvernans, et les riches et les pauvres de se contrarier, de se tourmenter, de se léser mutuellement, il faut qu'un certain nombre d'individus sachent quels sont *les divers besoins de l'homme*, et quelles sont ses *facultés;* il faut en même tems que les circonstances permettent de proclamer les *droits qui appartiennent à la nature humaine.* Ce n'est pas tout; il faut, pour effectuer et perpétuer la *garantie*, que la majorité de la nation apprenne, *que ce n'est que par la volonté gé-*

*.nérale et sous sa protection que chaque in-
dividu peut participer aux droits de tous,
conséquemment aux avantages qu'assure le
respect des personnes et des autres propriétés.*

Cette *garantie* suppose la communication
intégrale et solemnelle des principes du systême social; elle suppose *l'instruction nationale*, car elle suppose que le plus grand nombre des citoyens ayant à consentir au même
pacte, soient convaincus que, par l'essence
de ce pacte, se produira une réciprocité de
services entre les contractans, et par-là même
une communauté d'intérêts à jamais durables.

En attendant qu'un tel acte constitutionnel
soit devenu MORALEMENT OBLIGATOIRE; en
attendant que l'instruction nationale soit assez avancée pour convaincre chaque citoyen
que son intérêt personnel lui dicte lui-même
les devoirs imposés par un tel acte constitutionnel, cet acte n'en est pas moins légitime,
car il est conforme au vœu intentionnel de la
nation.

Le peuple chez lequel un tel contrat existe,
a d'avance proclamé son intention de renoncer à tous les préjugés afin de réformer tous
les abus; il faudra donc aussi que les bonnes

lois se trouvent chez ce peuple ; et chez lui, plutôt ou plus tard, mais immanquablement, L'ESPRIT PUBLIC écarte les choses et les personnes qui contrarient l'objet de l'acte constitutionnel. *Voyez* CAUSE, CIRCONSTANCE, CIVILISATION, CONSCIENCE, CONSPIRATION, CONTRAT SOCIAL, DROIT, ESPRIT PUBLIC, GOUVERNEMENT, HOMME, INSTRUCTION, INTÉRÊT, INVIOLABILITÉ, NATURE, POUVOIR, PRINCIPE, PROPRIÉTÉ, SYSTÊME SOCIAL, UNITÉ D'ACTION. *Voyez* RÉSULTATS DE L'INSTRUCTION, volume V.

Chez les nations où les prêtres et les autres aristocrates ont encore le crédit d'empêcher que les principes du systême social ne triomphent, les gouvernans sont contraints de tolérer et de favoriser l'imposture et le brigandage. Les gouvernemens aristocratiques, en perpétuant l'ignorance et la superstition des peuples, et conséquemment aussi la crapule et les calamités du genre humain, ont ainsi même occasionné les revers, les catastrophes auxquels les personnages qui exercent la souveraineté sont les plus exposés. Chercher une garantie pour les méchans et pour les imbécilles, c'est chercher une chimère. *Voyez*

ABUS, ARBITRAIRE, FACTION, FANATISME, INSURRECTION, POPULACE.

GOUVERNEMENT. — Le besoin d'être gouverné est inséparable de toute société humaine; mais la forme du gouvernement n'est qu'accidentelle, n'est qu'accessoire.

Les mots *république* et *monarchie* ont jusqu'à nos jours propagé des idées fausses.

Quant au fond et quant à l'objet, c'est-à-dire quant aux résultats pour les gouvernés, il n'y a qu'un seul bon mode de *gouverner* : celui qui s'appuie sur la *vérité*; car celui qui s'appuie sur le *mensonge* est essentiellement opposé à l'intention de DIEU.

Le mode de gouverner qui s'appuie sur le *mensonge*, exige que les gouvernans soient vils, soient mal-avisés, soient hypocrites scélérats; car il les contraint à priver les gouvernés du sentiment de leurs droits, conséquemment du motif de leurs devoirs; il divise donc une nation en populace et en aristocratie, perpétue son ignorance et sa corruption, et par-là même tous les genres de calamités.

Au contraire, le mode de gouverner qui s'appuie sur les principes du système social, sur le vœu de la nature, sur la *vérité*, sur la

4.

connoissance de l'intention de Dieu, oblige les gouvernans à obéir à des lois que sanctionne l'évidence de leur base et de leur objet; à des lois qui ont pour base *les facultés et les besoins de l'homme*, pour objet *le plus grand avantage de tous* : car il est de l'essence du mode de gouverner qui s'appuie sur la *vérité*, d'écarter les gouvernans qui ne remplissent pas tous leurs devoirs.

Voltaire et l'expérience ont dit : *Quiconque veut enseigner la raison à ses concitoyens est persécuté, à moins qu'il ne soit le plus fort; et il arrive presque toujours que le plus fort redouble les chaînes de l'ignorance au lieu de les rompre.*

Grace à l'*imprimerie*, le progrès de l'esprit humain change les circonstances politiques, l'évidence écarte les opinions, et la *science du droit public, la science de l'intérêt de tous, la science de se faire gouverner,* cesse d'être occulte.

Aujourd'hui l'Europe reconnoît la monstruosité du système féodo-presbytéral; l'Europe reconnoît que le système féodo-presbytéral est INCOHÉRENT par son essence, CORRUPTEUR par ses besoins, CONCUSSIONNAIRE, ANARCHISTE et MEURTRIER par des accidens, qu'il nécessite comme périodiquement; que conséquemment il n'a pu tenir son crédit que du défaut de communication du bon sens. Le systême féodo-presbytéral est donc caduc; il s'est usé avec les ressources de la férocité et de l'imposture.

A l'avenir les peuples n'admettant comme vrai que ce que la raison comprend, n'admettant comme PRINCIPE que le résultat des vérités sur lesquelles le systême social se fonde, les peuples voueront, en vertu de la connoissance de leur intérêt, un respect et une obéissance impérissables aux lois qu'ils sauront être établies pour leur procurer le plus grand bien-être.

A mesure que l'INSTRUCTION NATIONALE s'avancera, à mesure que les peuples apprendront à connoître et à défendre leur intérêt commun, les gouvernans aussi seront obligés à étudier la *science du gouvernement*; conséquemment ils apprendront à se démontrer que ce ne sera qu'en se conformant aux intérêts des gouvernés, qu'ils pourront procurer et conserver toute vigueur au gouvernement.

Chez une nation qui s'éclaire sur son intérêt, l'aversion publique poursuit les magistrats ineptes ou prévaricateurs; mais le respect national accompagne spontanément, accompagne naturellement les magistrats éclairés et intègres.

Les événemens ne conduisent-ils pas la nation Française au centre des circonstances qui obligeront et les gouvernés et les gouvernans à acquérir une connoissance exacte des principes du systême social? Bientôt il n'y aura plus de motif, ni conséquemment de prétexte pour que la nation Française continue à tolérer ou des perfidies, ou des âneries : car en remontant à la première cause, il devient évident que ce n'est qu'en conséquence d'*âneries*, que le genre humain a été et est bafoué. Ce n'est que parce que le genre humain *s'est lui-même mystifié*, que depuis le commencement des siècles jusqu'à notre tems les gouvernés et les gouvernans ont toujours été vicieux et malheureux (*). *Voyez* CIVILISATION, CONTRAT SOCIAL, DROIT, ESPRIT PUBLIC, GARANTIE, INSTRUCTION, INTÉRÊT, NATURE, PHILOSOPHIE, PRINCIPE, PROPRIÉTÉ, SYSTÊME SOCIAL, UNITÉ D'ACTION, VOEU INTENTIONNEL.

GRAND-HOMME. — Ce titre n'appartient pas au général qui gagne des batailles, mais

---

(*) Cet article date de l'an 7.

qui n'auroit point l'intention de servir la cause du genre humain : bornons-nous à dire que cet homme est un grand général.

Et certes, un ministre qui, pour enrichir l'état qu'il gouverne, lèse les intérêts des autres états, n'est pas un *grand-homme*. Ses moyens infâmes dans leur conception, sont atroces dans leurs résultats ; et quand la corruption du cœur force un tel ministre à faire abstraction des progrès actuels de l'esprit humain ; quand conséquemment à ses calculs pervers, il accumule les crimes les plus révoltans ; quand il est devenu dans les quatre parties du monde un fléau abominable ; quand chaque jour il agrandit l'abîme dans lequel il doit tomber avec le gouvernement lui-même, ce ministre est un brouillon et un scélérat ; mais c'est un *grand brouillon* et un *grand scélérat*.

Ce ministre, dites-vous, ne fait qu'obéir à l'esprit du système politique le plus vaste et le plus hardi ; et quand les rênes du gouvernement passeront en d'autres mains, les intentions du gouvernement n'en seront pas moins les mêmes.

Si ce gouvernement est identifié avec un système qui ne peut se soutenir que par l'iniquité et par la violence ; s'il se flatte que

des intentions et des expédiens atroces lui
suffisent pour offenser impunément les rois
et les peuples, sa ruine apprendra bientôt à
ses apologistes que l'or et les crimes ne fondent qu'une puissance précaire (*).

Il est de l'essence d'un *grand-homme* de
conformer ses pensées et ses actions à la politique transcendante, à la morale. Voilà pourquoi il abhorre les moyens qui contrarient les
intérêts du genre humain ; voilà pourquoi,
afin de procurer à ses concitoyens des avantages réels et permanens, c'est le perfectionnement du genre humain qu'il avance ; voilà
pourquoi il obtient la confiance des nations ;
et cette confiance est éclairée ; elle est au-
guste, elle est unanime.

Il ne combat des ennemis depuis si long-
tems implacables que pour les amener à la
paix. Il sait respecter les rois, et il desire
qu'ils se fassent aimer et bénir ; il desire donc
que chaque roi puisse procurer au peuple qu'il
gouverne, tous les avantages dont ses travaux et
son industrie le rendent susceptible ; conséquemment il coopère avec le zèle le plus ardent au
perfectionnement de la science de gouverner.

(*) *Voyez* Résultats de l'instruction, vol. V.

Il a vu fermenter en France tous les élémens de la guerre civile; mais aussi il a vu chez les Français toutes les qualités qui les rendent capables d'acquérir et de conserver la vraie gloire et une prospérité qui jusqu'à présent ne pouvoit être qu'idéale. Il a bientôt terminé la lutte entre le mauvais et le bon génie; et la France, rendue à elle-même, n'a point tardé à triompher encore des potentats ennemis des principes du systême social.

Citoyens! avant le *18 brumaire*, les circonstances les plus abominables environnoient le peuple Français; avant le *18 brumaire*, le pouvoir politique étoit, à tous égards, opposé au pouvoir moral; il étoit perfide, cruel, atroce envers le peuple Français et envers tous ses fonctionnaires.

Il falloit écarter de telles circonstances; il falloit autoriser les hommes bien intentionnés à agir conformément au salut de tous. Une telle conception, une telle science et un tel talent constituent le *grand-homme*.

Chez un peuple qui est parvenu à sentir le besoin de s'éclairer sur son intérêt, et qui est gouverné par un *grand-homme*, les hypocrites, les factieux et tous les méchans sont

bientôt condamnés à la nullité; car l'opposition de leur conduite à l'intention qu'ils affichent, signale leur perfidie, et le pouvoir moral se subordonne tous leurs efforts. (*)

GUERRE. — La guerre ne peut se justifier que par l'intention d'établir ou de maintenir les principes du système social ; mais
faire la guerre pour satisfaire le caprice d'un
potentat, c'est sottise, infamie, atrocité. *Voyez*
Précis historique.

HABITUDE. — L'éducation et l'exemple,
ainsi que les sensations que nous recevons
de nos propres organes, nous font contracter
des *habitudes.* Les *habitudes* en général, les
mauvaises sur-tout, vont en augmentant, et
finissent par tyranniser. *Voyez* Nature, Philosophie.

HASARD. — Dire qu'une chose s'est faite
par hasard, c'est dire que notre ignorance
ou nos préjugés nous empêchent de savoir
comment elle est arrivée. Tous les effets sont
déterminés nécessairement. Quelque *défaut*
ou quelque *valeur* qu'ait eu le motif de l'ap-

(*) Cet article date du 1 frimaire an 8.

plication d'un moyen, il n'agit jamais *par hasard;* mais le concours des circonstances lui fait produire nécessairement tels ou tels effets. *Voyez* Destinée, Nature, Nécessité.

HISTOIRE. — C'est le récit des faits donnés pour vrai.

Le récit des faits supposoit l'observation, et l'art de bien observer supposoit les progrès de l'esprit humain; mais les progrès de l'esprit humain supposoient l'invention de l'alphabet: cette invention, quelque grand service qu'elle dût rendre aux sciences et aux arts, n'étoit encore qu'un moyen trop lent pour proportionner la communication des connoissances au besoin du genre humain.

L'imprimerie ne fut inventée que dans le quinzième siècle; les prêtres et les autres privilégiés s'en emparèrent, et la contraignirent à ne nourrir l'esprit humain que de contes, de turlupinades, de coïonneries (*) propres à faire endurer la domination la plus outrageante.

Aussi l'instinct des nations a-t-il été telle-

―――――――

(*) *Voyez* ce mot dans le Dictionnaire de l'Académie Française.

ment abruti, que l'universalité des hommes n'eut pas l'idée de la possibilité de se soustraire à sa déplorable condition.

L'*histoire* ne servoit, en général, qu'à faire accroire que le genre humain ayant, en tout tems, été asservi aux prêtres et aux autres privilégiés, devoit demeurer sous leur joug.

Cependant la rapacité et l'insolence des papes décidèrent quelques potentats à faire servir l'*imprimerie* à la répression du pouvoir sacerdotal.

L'Europe commença à en appeler au bon sens, et à substituer, en quelques régions, au *culte Catholique, Apostolique et Romain*, un culte ami du bon ordre.

Successivement les esprits s'éclairèrent ; quelques - uns parvinrent à porter un nouveau jour sur la science de gouverner.

Il en arriva qu'en France les intrigans scélérats ne purent plus donner l'essor à leur ambition, en affichant le prétexte, soit de soutenir, soit de renveser telle ou telle croyance, tel ou tel culte ; mais il leur falloit mettre en avant un prétexte qui offrît la perspective d'une amélioration dans l'état social. Voilà pourquoi les hypocrites n'ont pu s'empêcher de trahir leur intention, et nous les avons vu,

déjà

déjà presque tous, tomber dans le gouffre de leur iniquité.

Cependant ni *l'histoire*, ni les événemens dont nous mêmes nous avons été les témoins, n'ont point encore disposé tous les esprits à recevoir des impressions uniformes.

Les gens qui prétendent que le genre humain, doit demeurer soumis au pouvoir du prestige, s'autorisent de *l'histoire*; et en effet, *l'histoire* atteste que le genre humain a toujours été trompé et vexé.

Mais les hommes qui savent attribuer les effets aux causes auxquelles ils appartiennent, démontrent que le genre humain guérira radicalement de son ignorance, conséquemment de la superstition; conséquemment que le genre humain cessera de se baffouer lui-même, qu'il cessera d'être imbécille et méchant, dupe et fripon, vicieux et malheureux.

La suite des faits que l'histoire doit transmettre à la postérité (*), lui apprendra que *les Pitt et les empereurs aujourd'hui coalisés contre la communication des principes fondamentaux du système social*, ont amené

(*) Article fait en l'an 6.

K

des calamités aussi grandes que celles qu'oc-
casionnèrent les guerres dites de *religion;*
avec cette différence dans les résultats, que
les guerres dites de *religion,* n'ayant eu pour
prétexte que des opinions, les fléaux qu'elles
avoient attirés sur les peuples, frappèrent tout
le genre humain, sans lui avoir procuré aucun moyen de s'y soustraire à l'avenir.

Mais la guerre actuelle n'est point une lutte
entre les opinions; c'est une guerre entre les
opinions et l'évidence; et l'indignation du
genre humain contre ses oppresseurs augmentant à mesure que son instruction s'avancera,
l'ESPRIT PUBLIC saura mettre à une telle guerre
une fin qui ne permettra pas de la recommen-
cer. *Voyez* INTÉRÊT, NATURE, PHILOSOPHIE,
SYSTÊME SOCIAL.

HOMME. — L'*homme* est doué de raison
et d'autres facultés qui le rendent susceptible de perfectionnement; mais les *hommes*
en masse ne peuvent ni cultiver la raison, ni
jouir de leurs droits que là où la science de
l'intérêt du genre humain, la morale, l'esprit public, se sont assez avancés pour empêcher les personnages qui exercent la souveraineté, d'en imposer au peuple.

L'*homme* a des besoins, et il a des facultés

par lesquelles il peut pourvoir à ses besoins : conséquemment les *droits de l'homme* ont une base.

L'homme ne peut pourvoir à tous ses besoins qu'en faisant valoir ses facultés à son plus grand avantage; conséquemment *ses devoirs* ont un motif.

L'homme, par une série de raisonnemens exacts, arrive à la connoissance des causes et des effets politiques, et il acquiert les notions dont il a besoin pour se conformer à tous ses intérêts; les notions qui intéressent son existence, son indépendance et son bonheur. *Voyez* Civilisation, Esprit public, Garantie, Instruction, Intérêt, Nature, Perfectibilité, Philosophie, Pouvoir moral, Pouvoir politique, Système social.

HYPOCRISIE. — C'est le superlatif des fourberies; c'est l'intention d'en imposer, en abusant des hommes soumis au presbytéralisme.

Mais le genre humain guérira de la manie des *révélations,* et les *hypocrites* manqueront de pâture.

K 2

Iᴅᴇ́ᴇ. — Avoir une *idée*, c'est se représenter un objet; avoir les *idées* justes, c'est se représenter les objets tels qu'ils sont.

IDOLATRIE. — Elle consiste à supposer à Dɪᴇᴜ des attributs qui lui sont étrangers. Tous les cultes qui se fondent sur une révélation, sont *idolâtrie*. *Voyez* Mᴏʀᴀ́ʟᴇ, Rᴇ-ʟɪɢɪᴏɴ.

IGNORANCE. — C'est le défaut des connoissances nécessaires. Un homme n'est pas un *ignorant* parce qu'il n'a pas étudié les mathématiques; mais un homme qui ne connoît pas *ses droits et ses devoirs*, est un *ignorant*; son intérêt, ainsi que celui de tous les hommes, exige qu'il apprenne que le premier moyen de s'assurer la jouissance des droits communs à tous, consiste *à ne pas admettre comme vrai ce qui répugne à la raison*.

Un peuple ignorant ne peut qu'être la proie d'un ou de plusieurs brigands; il ne peut pas non plus s'empêcher de devenir lui-même brigand dans l'occasion.

L'autorité qui veut que le peuple demeure ignorant, est par cela même illégitime; elle n'est exercée que par des hommes ennemis du genre humain, par des brigands, par des factieux, par des usurpateurs.

Accoutumée à des moyens scandaleux, perfides et féroces, elle ne cesse de fournir des prétextes à d'autres factieux, qui, à leur tour, fanatisent le peuple et le font agir selon leurs projets.

ILLUSION. — Nos sens et notre imagination nous retiendroient dans une *illusion* perpétuelle, si nous ne nous servions pas de notre raison pour rectifier les erreurs des sens et les égaremens de l'imagination. *Voyez* INTÉRÊT.

IMAGINATION. — C'est une faculté par laquelle nous avons des conceptions ingénieuses, hardies, brillantes, sublimes, exagérées, ou absolument fausses. Les influences des objets externes et les habitudes vicieuses peuvent dépraver l'*imagination* au point de dégrader la nature humaine. *Voyez* NATURE.

IMITATION. — Nous sommes tellement disposés à l'*imitation,* que nous imitons à notre insçu; c'est au point de bâiller parce que nous voyons bâiller, même une figure en tableau. En général, l'*imitation* a donné des ridicules, des défauts, des vices; car jusqu'à présent le bon exemple a été fort rare : disons aussi que nos pensées et nos sensations se modifient encore plus par *imitation* que nos gestes et nos attitudes.

L'*imitation*, qui devient nécessairement funeste quand les institutions et les exemples pervertissent l'instinct et la raison, opérera les effets les plus salutaires, si les institutions et les exemples se conforment aux lois divines et humaines, au vœu de la nature, à l'intérêt du genre humain.

Dans les siècles où le presbytéralisme enveloppoit le genre humain de ténèbres, le pouvoir de l'*imitation* étoit presqu'inattaquable; un objet d'*imitation* ne pouvoit alors se changer qu'en y substituant quelqu'autre objet non moins absurde. Aujourd'hui, il n'en est pas de même; il n'y a plus de contrée en Europe où il ne se trouve des hommes qui répugnent à toutes les croyances presbytérales : l'époque est donc réellement arrivée où l'autorité sage et vigoureuse peut faire succéder des exemples neufs, généreux et salutaires aux exemples antiques, impertinens et pernicieux.

Que les hommes les plus notables par leurs richesses, renoncent, ainsi que tous les fonctionnaires de la république, au système d'imposture et de violence; qu'ils rendent un hommage authentique au principe sans lequel le respect des propriétés ne peut se fonder sur un motif évident, universel, immuable; qu'ils proclament : *chaque homme, si sa raison est cultivée, et si celle de ses concitoyens l'est aussi, offre à la société une responsabilité complète,* et *l'imitation* effectuera une adhésion unanime à tous les principes du système social; car elle sera secondée par l'intérêt personnel bien entendu, et pour cela même par le raisonnement. *Voyez* INTÉRÊT, NATURE, SYSTÈME SOCIAL.

IMMORTALITÉ. — Certes, l'idée de l'*immortalité de l'ame* est belle. Qu'à l'avenir elle ne soit jamais malfaisante, mais toujours utile.

Pour empêcher que l'idée de l'*immortalité de l'ame* ne continue à être ou stérile, ou dangereuse et funeste, il faut que la politique se guérisse de la manie d'y faire croire, en commençant par faire croire à quelque révélation.

La politique qui s'appuie d'une révélation, est nécessairement perfide, mal-adroite, cruelle et envers les gouvernés et envers les gouvernans.

La morale se dispense de promettre des récompenses et de menacer de châtimens, à échoir après la mort; mais elle démontre que dès cette vie, l'accomplissement de tous ses devoirs identifie l'homme vertueux avec l'intention de Dieu, et que dès cette vie, l'homme pervers est puni même par les habitudes que ses pensées et ses actions lui font contracter.

Si après sa mort, l'homme rencontre, selon ses œuvres, une justice ou vengeresse ou rémunératrice, les nations qui s'éclairent sur leur intérêt, n'en ont pas moins le droit d'exiger que leurs magistrats accordent leurs mœurs avec l'idée de *l'immortalité de l'ame*, que leur intégrité certifie leurs sentimens, certifie qu'eux-mêmes ils sont persuadés qu'après cette vie, le *moi de chaque homme* sera, selon ses actions, ou récompensé, ou puni.

La morale exige que tous les hommes sachent se démontrer, que ce ne sera qu'en obéissant aux lois protectrices de toutes les propriétés, qu'ils pourront arriver au bonheur, et par-là même se conformer à l'intention de Dieu.

Les prêtres abusent outrageusement de l'idée

de l'*immortalité de l'ame*. Ils promettent le paradis et menacent de l'enfer, ou seulement du purgatoire, selon que cela leur convient, soit tout simplement pour mettre la crédulité à contribution, soit pour provoquer aux plus horribles attentats.

IMMORTALITÉ. — *Perpétuité dans le souvenir des hommes;* elle suppose deux modes, l'un qui illustre par de belles actions, l'autre qui fait remarquer un individu par des crimes atroces.

La justesse de l'esprit et l'élévation des sentimens produisent ces actions qui illustrent à jamais un mortel.

C'est la corruption du cœur ou le fanatisme qui font commettre ces crimes horribles, dont le souvenir se transmet aux générations.

La corruption du cœur, ainsi que le fanatisme, suppose l'absence de la pleine raison, n'importe que l'accident soit occasionné par un vice héréditaire, cause très-rare, ou par des vices acquis, cause d'autant plus fréquente, que le presbytéralisme est plus en activité, et que des intérêts mal-entendus contrarient plus généralement le bon usage des facultés intellectuelles.

IMPIE. — Tout ce qui offense l'humanité est *impie*. *Voyez* PRESBYTÉRALISME, SYSTÊME DE MENSONGE.

La *piété* est l'attachement inviolable à remplir les devoirs que dictent la raison et le sentiment : elle consiste dans la conformité de nos pensées et de nos actions avec l'intention de DIEU ; conséquemment dans l'usage non interrompu de la raison. *Voyez* BONHEUR.

IMPOSTURE. — Les gens à priviléges ne peuvent se maintenir qu'en trompant le peuple ; et voilà pourquoi tous les ennemis du peuple se soutiennent et se méprisent les uns les autres. *Voyez* FÉODALITÉ, POPULACE, PRESBYTÉRALISME, PRÉTEXTE, RÉVÉLATION, SOPHISME.

IMPOT. — Son objet est de maintenir le respect dû aux personnes ainsi qu'aux autres propriétés, et par-là même, de contribuer à la prospérité de l'état ; mais, *uno absurdo posito, non mirum si aliud absurdum sequatur*.

Un gouvernement éclairé, vigoureux et intègre obtient de l'*impôt* tous les fonds dont il a besoin. Il fait arriver l'*impôt* au trésor public par la voie la plus sûre et la plus économique.

Il ne fait sortir les fonds du trésor national
que pour des dépenses qui aient l'utilité publique pour motif. Sans cette pureté, sans
cette sagesse du gouvernement, les mots *liberté, égalité, justice, droits, devoirs, chimères* seroient synonymes.

La garantie de la pureté et de la sagesse des
législateurs, ainsi que des gouvernans, consiste dans la surveillance, conséquemment
dans l'instruction nationale.

L'*impôt*, dès son origine, n'a pu qu'opérer des résultats contraires à son objet légitime.

Loin d'être uniquement consacré aux besoins de la nation, il servoit dans sa presque
totalité, d'aliment à la cupidité, aux passions, aux caprices des gouvernans, et à sol-
der une force armée, non pas pour défendre
et protéger la nation, mais pour perpétuer sa
servitude.

Les *impôts* les plus vexatoires tomboient
sur la classe des hommes que la nécessité de
leurs travaux rendent infiniment recomman-
dables; et il y avoit des *impôts* qui provoquoient les contributeurs et les percepteurs à
plus d'un genre de corruption. Ce n'est pas
tout; l'*impôt* fournissoit aux *gouvernans* les
moyens de faire à des créatures qu'ils affec-

tionnoient ou qu'ils craignoient, et à des brigands dont ils avoient besoin, dés fortunes d'autant plus scandaleuses et funestes, que précisément elles servoient à retenir ou à replonger la masse des *gouvernés* dans l'ignorance, dans l'abrutissement.

C'est ainsi que de *l'impôt* même les gouvernans avoient forgé le cercle abominable dans lequel le genre humain devoit, selon leur politique, rester crapuleux; c'est ainsi que les abus et les malversations se reproduiront les uns les autres, jusqu'à ce qu'enfin ils aient renversé les gouvernans, qui ne pourront pas eux-mêmes se corriger et se sauver de leur perfidie.

Mais chez un peuple attaché aux principes du systême social, aux principes auxquels la morale, la vérité, la raison servent de base; les accidens même qui croisent son gouvernement, appellent cette sagesse qui, substituant les principes et la méthode à la crapule, à la terreur et à l'incertitude, fait succéder l'unité de principes, d'intérêt et d'action aux entreprises des hypocrites, des brigands, soit domestiques, soit étrangers.

Ces lâches prévarications, ces spéculations sordides, cet agiotage effréné, qui affrontent le berceau de la République Française, auront un terme. La *nécessité*, ce pouvoir irrésistible, et qui peut suppléer même à la vertu, saura diriger les intentions du plus grand nombre des Français vers le bon sens, vers le salut commun.

La nation Française s'enfonce dans les circonstances (*) qui la conduiront à la recherche de ses véritables intérêts; il faut donc qu'elle en obtienne une entière connoissance; dèslors les législateurs et les gouvernans ne lutteront plus eux-mêmes contre les principes du systême social; dès - lors les meilleurs moyens d'ordre et d'économie seront trouvés et admis. Je le répète, l'administration des finances, *de par l'interêt de tous*, sera régularisée à mesure que l'*esprit public* s'avancera.

Oui, de *par l'esprit public*, de *par l'intérêt de tous*, la justification des motifs et des comptes concernant les revenus et les dépenses de l'état, acquerra la lucidité qu'exige une nation qui est libre et clair-voyante. *Voyez* CIVILISATION, CRÉDIT NATIONAL.

INDÉPENDANCE. — *Voyez* LIBERTÉ.

INDULGENCE. — Soyons indulgens dans tous les cas où les erreurs et les fautes ne

____

(*) Cet article date de l'an 7.

compromettent point les intérêts du genre humain. *Voyez* CRITIQUE.

INSCRIPTIONS MORALES. —L'exemple et l'habitude, qui empêchent les peuples et les rois d'arriver à la connoissance de la volonté de DIEU, d'arriver aux vérités fondamentales de la science des droits et des devoirs, mais qui entraînent à croire, soit en une révélation, soit au besoin d'une telle imposture ; cet exemple et cette habitude, exerçant leur empire sur le genre humain, compromettent, dégradent, anéantissent la propriété essentielle à l'homme, la RAISON; et les gouvernans ainsi que les gouvernés, les riches ainsi que les pauvres, tous sont vils, infâmes, dangereux ; tous sont de la populace.

DIEU a doué le genre humain de raison : l'intérêt du genre humain, conséquemment son devoir, c'est de la cultiver.

La pleine raison, elle seule peut et veut établir l'obéissance aux commandemens de DIEU; car elle seule peut et veut reconnoître les principes du système social ; principes dont l'évidence et la communauté établiront et perpétueront l'unité d'intérêt et d'action parmi tous les individus qui composent une nation, et parmi les nations elles-mêmes.

Si l'homme est idolâtre ou hypocrite, s'il est ennemi de soi-même et du genre humain, c'est par l'inertie de la raison publique, c'est par l'absence de l'édification nationale, par l'absence d'institutions qui concourent avec l'homme à faire valoir toutes ses facultés à son plus grand avantage ; d'institutions qui lui donnent la certitude que toutes les causes capables d'assurer son intérêt co-existent : car ce n'est que par la certitude de la co-existence de toutes les causes capables d'assurer l'intérêt des associés au pacte social, que le pouvoir moral peut se communiquer et s'universaliser.

Aujourd'hui L'ESPRIT protecteur du genre humain, L'ESPRIT de vérité, L'ESPRIT qui émane de DIEU, L'ESPRIT qui agit par l'évidence, fermente chez plusieurs nations, et les gouvernemens qui demeurent en arrière des connoissances acquises en la politique transcendante, en la MORALE, deviennent caducs ; mais les gouvernemens éclairés et bien intentionnés acquièrent d'autant plus de force, que les nations acquièrent des connoissances plus exactes sur leur intérêt.

Le vœu intentionnel du souverain, le vœu intentionnel du peuple n'est point équivoque. Le souverain, le peuple veut que la science de gouverner ; la science de diriger l'action de l'homme sur l'homme selon les commande-mens de Dieu ; la science de procurer un res-pect motivé, unanime, permanent, aux pro-priétés de tout genre, s'avance jusqu'à ce qu'elle puisse remplir son objet complètement.

La nation la plus avancée dans son instruc-tion, sera nécessairement la mieux gouvernée, et la première elle gravera sur ses monumens les principes et les maximes dont l'*inscription* attestera le triomphe décisif des vérités fonda-mentales de la science du bonheur, de la science des droits et des devoirs. *Voyez* vol. V, Résultats de l'instruction.

INSTINCT. — C'est un résultat de la fa-culté de sentir ; c'est le sentiment franc et primitif du besoin ; c'est la sentinelle qui co-existe avec la vie, et qui veille à sa conser-vation.

Plus les sensations sont et demeurent sim-ples, plus aussi *l'instinct* demeure pur et apte à pourvoir aux besoins réels et salutaires ; mais il diminue, même il se pervertit par les pré-

jugés,

jugés, par les mauvais exemples et par les excès.

L'instinct se reproduit dans l'organisation de chaque nouvel individu; c'est ainsi que, nonobstant les institutions les plus vicieuses, le genre humain se transmet perpétuellement une énergie conservatrice de lui-même.

INSTITUTIONS. — *Voyez* INSCRIPTIONS MORALES. *Voyez* vol. V, RÉSULTATS DE L'INS-TRUCTION.

INSTRUCTION. — *L'instruction*, en général, a pour objet la connoissance de la vérité, et des choses établies par l'opinion.

Par-tout où l'opinion peut empêcher la recherche et la démonstration de la vérité, l'*instruction* ne produit point des résultats utiles à l'humanité.

Lorsque les gouvernans ne composent pas avec l'opinion, ou lorsqu'ils tombent avec elle, l'évidence, en ce qui concerne le système social, se substitue à l'opinion, et l'*instruction nationale* s'avance.

Une nation reçoit son *instruction*, quand chaque homme apprend ce qu'il importe à tous de savoir; quand chaque homme acquiert la connoissance des principes du sys-

L

tême social, connoissance sans laquelle il ne peut s'empêcher de nuire à son intérêt personnel, et à l'intérêt d'autrui. Disons tout en peu de mots; ce n'est qu'en acquérant la connoissance des principes du système social, que l'homme acquiert la qualité et le caractère qui le constituent *citoyen*.

Il suffit, aux besoins de la société, qu'un certain nombre d'hommes étudient les sciences qui exigent des recherches et des méditations assidues; mais il importe essentiellement à la société, QUE CHAQUE ASSOCIÉ APPRENNE A N'ADMETTRE COMME VRAI QUE CE QUE LA RAISON COMPREND; qu'en même tems tous soient assurés que le motif de leurs devoirs se fonde sur leur intérêt personnel, sur la certitude de faire valoir toutes leurs facultés à leur plus grand avantage.

L'organisation humaine rend la presque totalité des individus aptes à recevoir l'*instruction nationale*; à recevoir les notions qui intéressent l'existence, l'indépendance et le bonheur d'un peuple, et de tous les peuples; les notions qui sont nécessaires au genre humain pour l'empêcher d'admettre comme vrai ce que la raison ne comprend pas.

Ce commencement de l'*instruction nationale*, N'ADMETTEZ POINT COMME VRAI CE QUI

RÉPUGNE A LA RAISON, décide du sort d'une nation; car une nation qui s'accoutume *à n'admettre comme vrai que ce que la raison comprend*, trouve bientôt les bonnes lois; conséquemment elle fait réformer les mauvaises; conséquemment elle fait réformer les abus qui la lèsent; conséquemment elle conçoit, de plus en plus, combien elle est intéressée à vouer aux bonnes lois un respect et un attachement inviolables; par cela même, elle complète son *instruction;* elle la transmet chez elle de génération en génération; et l'exemple de son énergie détermine tous les peuples policés à renoncer à toute superstition anti-sociale; à rejeter toute autorité appuyée du prestige, toute autorité parasite, arbitraire, insolente, illégitime.

L'intérêt du genre humain n'est contrarié que par l'action de causes politiques. Ces causes politiques peuvent et doivent disparoître; car il est de l'essence de la philosophie de modifier, d'écarter les choses et les personnes qui dégradent et pervertissent à-la-fois l'entendement et les sentimens; il est de l'essence de la philosophie d'avancer et d'établir ce système qui obligera les gouvernés, les législateurs et les gouvernans à se procurer mutuellement *l'instruction* dont ils ont

besoin pour écarter la possibilité, soit du prestige, soit de l'insolence; conséquemment celle
du brigandage.

Que l'éducation des enfans s'appuie, non
sur des chimères, mais sur des faits bien observés; que les gens remarquables par leur
fortune, au lieu de prêcher la nécessité des
prêtres et des abus, montrent du respect pour
la vérité et les lois; que les législateurs et les
gouvernans apprennent à se soustraire au besoin de mentir à la nation, qu'ils se dispensent des sophismes, ainsi que des ressources
ruineuses, et l'instruction du peuple se fera
comme spontanément.

L'objet de l'*instruction* du peuple est de
conformer ses pensées et ses actions avec ses
intérêts ; l'*instruction* du peuple exige donc
que le peuple soit environné de circonstances
qui lui permettent d'écouter et de suivre le
vœu de la nature. Certes, là où les gens riches, d'accord avec les législateurs et les gouvernans, cesseront de dégrader, de calomnier,
d'opprimer le peuple, la nature elle-même
deviendra avide d'instruction; elle sera bientôt le premier, le plus sage, le plus excellent,
le plus expéditif instituteur du peuple; et re-
marquez que cet INSTITUTEUR ne sera point
à charge au trésor public.

Le système de vérité, le *système Français*, le système qui est le Système social, *qui est le résultat de l'évidence ; le résultat naturel, franc et pur de la science de l'intérêt bien entendu, de la science de l'intérêt de tous, de la science de l'intérêt du genre humain, de la morale elle-même*, nous commande, par notre intérêt personnel, de nous aider les uns les autres à cultiver notre propriété la plus précieuse, la raison! car tout homme bien organisé, *si sa raison est cultivée, et si celle de ses citoyens l'est aussi, offre à la société une responsabilité complète.*

Vous, qui êtes Français et riches en biens territoriaux et mobiliers, vous obstinerez-vous à soutenir que la violation des propriétés matérielles ne soit le résultat inévitable de la violation de la propriété que Dieu commande à l'homme de conserver et de cultiver, la raison? Oserez-vous vous refuser à l'évidence, et nier que la violation des propriétés de tout genre ne soit l'effet nécessaire de l'enseignement des *catéchismes presbytéraux*, catéchismes fabriqués pour fausser l'entendement, troubler l'imagination, pervertir l'instinct, égarer la conscience, flétrir l'esprit et le cœur; catéchismes fabriqués pour forcer les hommes à devenir les uns imbécilles, les autres hypocrites, afin que, par mépris d'eux-mêmes, ils demeurent tous à la merci du prestige et de l'arbitraire ; conséquemment soumis à des pouvoirs vicieux, perfides, dégradans, illégitimes ? Non : vous renoncerez immanquablement, soit à vos préjugés, soit à votre mauvaise foi ; car vous obéirez à la nécessité.

Vous apprendrez donc, vous qui êtes riches en biens territoriaux et mobiliers, vous apprendrez à profiter des circonstances à-la-fois les plus favorables et les plus impérieuses. Vous acquerrez une connoissance exacte du système social ; vous acquerrez l'*instruction* la plus conforme à votre véritable intérêt, l'*instruction* conforme aux facultés ét aux besoins de la nature humaine, l'*instruction* qui établit l'unité de l'intérêt par la communauté des mêmes principes, l'*instruction* qui, par son premier élément, *n'admettez comme vrai que ce que la raison comprend*, conduit à la découverte des bonnes lois, leur assure une obéissance évidemment et universellement motivée ; et conséquemment aux propriétés personnelles, territoriales et mobiliaires un respect unanime, national, inviolable.

Les riches, les pauvres, les législateurs, les

gouvernans, les gouvernés; en un mot, tous les Français, acquérant, en vertu de l'*instruction nationale*, le sentiment du motif de leurs devoirs réciproques, le motif du respect des personnes, ainsi que le motif du respect des autres propriétés, acquerra une énergie irrésistible; car il est de l'essence de l'*instruction nationale* de démontrer aux riches, aux pauvres, aux législateurs, aux gouvernans, aux gouvernés, qu'une nation qui cultive, qui de plus en plus fait valoir sa propriété la plus importante, LA RAISON PUBLIQUE, maintient son indépendance; que par cela même elle parvient à établir ce bon ordre, cette économie, cet esprit de sagesse, par lesquels seuls toutes les propriétés et tous les droits obtiennent l'inviolabilité, par lesquels seuls l'état s'élève à une prospérité réelle et à jamais durable.

Mais *l'absence de l'instruction nationale* décèle ou l'impuissance ou la perfidie des législateurs et des gouvernans; *l'absence de l'instruction nationale* force les pauvres et les riches à mal entendre leur intérêt capital; *l'absence de l'instruction nationale* engage un peuple non dépourvu de tout instinct à se méfier de ses premiers magistrats; *l'absence de l'instruction nationale* empêche le peuple

4

de trouver des hommes capables d'être ses mandataires, capables de le servir avec talens et fidélité ; *l'absence de l'instruction nationale* favorise, elle excite même l'esprit de prévarication ; elle fait croire que la répression du brigandage est impossible ; ainsi même elle autorise l'impunité du brigandage ; elle invite donc et détermine les fonctionnaires de l'état à ne considérer l'état que comme une mine que chaque fonctionnaire doit exploiter à son tour.

L'homme, qu'il soit riche ou qu'il soit pauvre, ne pouvant posséder cette propriété qui est indispensable pour offrir à la société une responsabilité suffisante, complète, effective, qu'après que la perfectibilité de tous aura été mise en assez bonne valeur pour que tous puissent se démontrer que c'est leur intérêt personnel qui exige le respect de toutes les *propriétés* ; c'est à *l'instruction nationale*, c'est à la communication intégrale des principes du système social, et à elle seule, qu'il est réservé de procurer aux propriétés territoriales et mobiliaires, ainsi qu'aux propriétés inhérentes à l'organisation de l'homme, une garantie réelle et permanente ; une garantie qui puisse être évidemment et universellement motivée; une garantie effective, une garantie conforme au vœu de la nature et à l'intention de Dieu; une garantie qui se fonde sur l'intérêt du genre humain; une garantie que son essence même rende unanime et permanente. *Voyez* Intérêt, Nature (*).

INSURRECTION. — Il n'y a nul moyen de *faire un devoir de l'insurrection* là où les hommes s'éclairent, et où en même tems l'état est bien gouverné. *Voyez* Garantie.

INTENTION. — Ce n'est pas assez pour nos intérêts et pour les intérêts des autres, que notre *intention* soit bonne : pour savoir ce qui est utile ou nuisible, il faut avoir vaincu l'ignorance et les préjugés : pour s'abstenir de ce qui est nuisible, il faut avoir vaincu les mauvaises habitudes. *Voyez* Intérêt, Nature.

INTÉRÊT. — Quelle différence y a-t-il entre l'*intérêt* et la nécessité?

Celle-ci nous donne, malgré nous, telle ou

(*) Article fait en l'an 5.

telle pensée; elle nous force à faire telle ou telle action : l'*intérêt* semble nous laisser le maître de la préférence; mais, en effet, c'est toujours lui qui décide. L'*intérêt*, c'est le mobile des êtres animés, c'est l'amour de soi.

Ce *mobile*, cet *amour de soi*, ne poussant qu'au hasard les hommes qui vivoient isolés, écartoit obstinément de leur but les hommes qui prétendirent se civiliser; et cette destinée étoit inévitable; car l'homme sauvage ne pouvant se délivrer de l'ignorance originelle, les hommes, qui les premiers se réunirent en société, s'environnèrent nécessairement de nouvelles illusions, se communiquèrent divers préjugés, ainsi que des habitudes vicieuses : de plus, l'autorité qui employoit le prestige pour s'ériger et pour s'accroître, s'opposoit à la découverte et à la communication de la vérité.

L'ignorance contraignant ainsi les gouvernans et les gouvernés à méconnoître et à contrarier leurs véritables *intérêts*, le genre humain demeuroit imbécille, et pourtant, disons mieux; à cause de cela même, il devint menteur, hypocrite et brigand.

La vertu étoit si rare, qu'elle sembloit ne pouvoir faire que de vains efforts : la corruption générale occasionnoit fréquemment des catastrophes épouvantables et inutiles. L'écroulement des empires n'étoit suivi d'aucun résultat propre à consoler et à secourir la race humaine; des factieux triomphans se substituoient à des factieux abattus; les circonstances restoient les mêmes; conséquemment les hommes continuoient à être à-la-fois superstitieux et impies, sots et fripons.

Mais un POUVOIR INCONNU méditoit et préparoit des circonstances absolument différentes; et aujourd'hui, par le rapprochement, par la simultanéité de ces circonstances, il dispose les peuples de l'Europe à renoncer à la superstition et aux vices; en un mot, à la *stupidité* de leurs ancêtres.

Il est de l'essence de ce pouvoir de démontrer aux nations elles-mêmes que la MORALE n'est pas une chimère; mais qu'elle est une science qui a la base la plus étendue et la plus solide; une science qui emploie la *perfectibilité du genre humain* comme moyen, et son *intérêt* comme motif.

Par cela précisément que tous nos véritables *intérêts* consistent dans la jouissance légitime et non interrompue de nos propriétés, ils exigent que les hommes les plus intelligens acquièrent, et qu'ils procurent aux autres une connoissance exacte de la propriété elle-même, de ses genres et de leurs qualités.

Les *propriétés* sont inhérentes à notre organisation, ou territoriales, ou mobiliaires.

En nous observant nous-mêmes, nous concevons que les *propriétés* inhérentes à notre organisation consistent en nos facultés sensitives, intellectuelles et mécaniques ; nous concevons en même tems que ces *propriétés* sont les plus précieuses, et que la plus importante d'entre elles, c'est la RAISON, puisque, privés de raison, les hommes sont exposés, sont même forcés à faire un mauvais usage des autres *propriétés*.

Quant aux *propriétés* territoriales et mobiliaires, leur dénomination en donne elle-même une juste idée.

Mais l'ignorance et la superstition aiment à considérer les *pouvoirs systématiques*, les magistratures, les fonctions judiciaires, administratives et militaires, comme des *propriétés* : l'ESPRIT PUBLIC refuse le nom et le caractère de *propriété* à de tels pouvoirs ; ils ne peuvent être que des délégations ou des usurpations.

Les pouvoirs systématiques qui doivent leur origine au prestige, ainsi qu'à la violence, et ne se perpétuent que par ces mêmes moyens, sont sacriléges.

Ayant indispensablement besoin de la stupeur des peuples, ces *pouvoirs* nécessitent un *mode* de gouverner qui intercepte le bonheur à sa source; car il vicie les facultés qui dérivent de l'organisation humaine; il oppose la conduite à la pleine raison; il dégrade et pervertit l'instinct humain.

Aussi l'expérience ne cesse de prouver que ce *mode* est à-la-fois funeste aux nations, et périlleux pour les personnages qui exercent la souveraineté; il expose les despotes aux vacillations, aux anxiétés, aux catastrophes qui feront disparoître les dominations dérivant de l'esprit de mensonge et d'un féroce abus des armes; de la *prêtrise* et de la *féodalité*.

Les pouvoirs systématiques, qui sont des apanages ou presbytéraux, ou féodaux, étant nécessairement opposés au vœu de la nature, il falloit que les *propriétés* inhérentes à l'organisation des individus appelés soit *prêtres*, soit *gentilshommes*, se viciassent par les plus détestables habitudes; car il leur falloit être continuellement en révolte contre le genre humain; il leur falloit employer un éternel terrorisme pour empêcher que les nations ne s'éclairassent : et ne faudroit-il pas, si les nations demeuroient privées de la connoissance de leurs droits et de leurs devoirs, que les

rois demeurassent les complices de ces jon-
gleurs affamés, impies et insolens, qui si gros-
sièrement en imposent aux peuples, fascinent
chaque génération, et lui donnent le change
sur son premier *intérêt?*

Mais les événemens actuels avertissent les
nations, ainsi que les personnages qui exercent la souveraineté, que la nature manifeste
ses lois aux hommes qui savent s'affranchir
de toute prévention : la nature leur apprend
QUE LA SOUVERAINETÉ APPARTIENT A LA FA-
CULTÉ DE POSSÉDER LA MASSE ENTIÈRE DE
TOUTES LES *PROPRIÉTÉS*, ET CETTE FACULTÉ
N'EXISTE QUE DANS LE PEUPLE.

Le peuple, lui seul souverain de droit, deviendra souverain de fait; car lui seul peut
cultiver et conserver l'ensemble des *propriétés* territoriales, donner tout accroissement
aux *propriétés* qui sont inhérentes à l'organisation humaine, et de génération en génération, transmettre l'ensemble des *propriétés*
de tout genre dans leur plénitude : lui seul
peut donc acquérir un pouvoir assez énergique et assez durable pour assurer à l'exercice
de la souveraineté un respect motivé et permanent.

Le système social, une fois qu'il est conçu
d'après cette théorie, anéantit l'arbitraire, les

priviléges et toutes les autorités parasites; il établit des fonctions législatives, exécutives, judiciaires et administratives; il choisit ses fonctionnaires, et les confirme ou les renouvelle à des périodes déterminées; il écarte toute illusion; il exige le despotisme de la vérité; il oblige le gouvernement à s'appuyer sur elle, et le perpétue par la conformité de ses actes au motif de sa création (AUX INTÉRÊTS DES GOUVERNÉS.)

Cependant les fripons et les demi-savans soutiennent que le peuple ayant à être misérable pendant la vie, doit être contenu par l'*expectative de châtimens et de récompenses à échoir après la mort*; conséquemment qu'il faut des prêtres.

Mais les prêtres empêchaient et empêchent la communication des principes du systême social; conséquemment ils étoient et ils sont la première cause de la bassesse, de la perfidie d'une partie de la nation et de la misère de l'autre. Quant à l'idée, soit de la récompense des vertus, soit du châtiment des forfaits, elle n'a nul besoin des prêtres; même elle sera funeste par-tout où elle sera présentée avec l'accompagnement des *turlupinades presbytérales*, avec l'accompagnement des *mystères*, des *articles de foi*, et des autres sottises que les prêtres enseignent : aussi l'histoire apprend-elle que c'est précisément dans les tems où les prêtres ont eu le plus de crédit et d'autorité, que le genre humain a été le plus pervers, et a éprouvé le plus de cala-mités.

En effet, les prêtres ne peuvent existér qu'en contraignant le genre humain à méconnoître sa perfectibilité, qu'en le retenant dans la stu-pidité, qui est la source de tous les crimes, ainsi que des malheurs les plus multipliés et les plus affreux.

Une nation presbytéralisée est nécessaire-ment imbécille et vicieuse ; elle est disposée à commettre tous les excès et tous les attentats ; elle est une aggrégation de fanatiques, de couards et d'hypocrites ; les gouvernans et les gouvernés, tous ensemble, sont de la popu-lace ; ils sont infâmes et dangereux.

C'est en écoutant, en cultivant la raison, que l'homme entend la voix de DIEU ; car il sent que, pour se conformer à son véritable *intérêt*, il a besoin que tous les hommes puis-sent aussi se conformer à leur *intérêt* ; consé-quemment il sent qu'il a besoin que ses con-citoyens soient affranchis de toute supersti-tion anti-sociale, afin qu'ils sachent n'obéir qu'aux commandemens de la raison ; n'obéir

qu'à

qu'à leur *véritable intérêt*; et certes, Dieu, *la raison*, *l'intérêt de chaque individu* exigent que les principes qui doivent le régir soient évidens, et reconnus comme tels : car ce n'est qu'avec la COMMUNAUTÉ ÉVIDENTE DES PRINCIPES, ce n'est qu'en fondant le respect des propriétés sur sa base naturelle, sur son vrai motif; motif dont la réalité peut se démontrer à tous les esprits, que l'*unité d'intérêt*, le bon ordre et le bonheur peuvent se réaliser.

Mais la perfectibilité du genre humain seroit-elle encore problématique? Non, les *droits de l'homme* sont proclamés; l'énergie des principes du système social dissipe l'ignorance et l'illusion de l'Europe; l'instruction du peuple Français s'avance; elle s'achevera, et elle se transmettra de génération en génération.

L'invention de l'imprimerie; les progrès de l'esprit humain; la manifeste, l'abominable, l'insensée conjuration des ennemis de la communication des principes du système social, ont environné la nation Française de circonstances qui, par l'action même de l'*intérêt personnel*, attacheront, soumettront tous les *Français* à l'unique empire des lois dictées par la raison.

M

Français! vous abattez les autorités illégitimes; vous rendez votre patrie infiniment respectable à l'ennemi étranger; vous acquérez le sentiment le plus vif du besoin de la connoissance de votre véritable *intérêt;* je le répète, lui-même saura vous inviter, vous déterminer à établir l'ÉVIDENCE ET LA COMMUNAUTÉ DES PRINCIPES DU SYSTÊME SOCIAL; conséquemment à réaliser, à nationaliser le pouvoir moral : oui, vous ferez expérimentalement mentir l'axiome des fripons et des demi-savans; *ce qui est bon en théorie n'est pas bon en pratique;* vous démontrerez par le fait, que les bons principes sont immanquablement suivis de bons résultats, par-tout où il y a des hommes capables d'écarter à jamais les obstacles qui empêchent que les principes ne prévalent.

Je le répète, si le précepte : *Ne faites pas à autrui ce que vous ne voulez pas qu'il vous soit fait,* a demeuré généralement stérile, c'est que les prêtres ayant eu le crédit de s'opposer au perfectionnement des facultés du genre humain, aucun peuple ne pouvoit acquérir cette instruction, que le *pouvoir moral,* que l'*intérêt bien entendu* présuppose; il y avoit donc impossibilité que le *pouvoir moral* se nationalisât : mais des circonstances neuves et absolument différentes existent aujourd'hui. Un *intérêt* capital commande à nos premiers magistrats, ainsi qu'aux Français riches en biens territoriaux ou mobiliers, de procurer au peuple en masse, au peuple lui-même, une connoissance exacte sur son *intérêt*, et sur le moyen de se l'assurer.

Et la nature se sentant enfin d'accord avec les législateurs et les gouvernans, les secondera de son énergie. Certes, chez un peuple gouverné d'après le *système de vérité*, la nature deviendra le premier, le plus excellent instituteur; elle substituera, dans tous les esprits, l'évidence aux opinions, la religion universelle aux sectes, le bon sens à la superstition, et le sentiment du besoin du bon ordre aux spéculations dont l'iniquité, la bassesse, la sordidité, ne pourront plus être déguisées sous aucun prétexte.

L'ESPRIT PUBLIC n'a-t-il pas supprimé en France les corporations presbytérales, féodales, parlementaires et financières? Concluons que les hommes qui veulent des abus et ceux qui n'en veulent pas, n'y forment plus que, tout simplement, deux classes; l'une, celle des hommes qui, sans avoir, comme ci-devant, des titres à l'effet de baffouer, de vexer et de piller le peuple, créent des abus d'occasion, et en profitent; l'autre, celle des hommes que les abus font souffrir.

Or, comme le nombre des hommes que les abus font souffrir, surpasse de beaucoup le nombre des hommes que les abus enrichissent, par-tout où le plus grand nombre deviendra libre de toute superstition anti-sociale, son *intérêt* l'avertira nécessairement que c'est chez lui que la force matérielle existe; et alors *le plus grand nombre appuyant la raison, appuyant l'évidence de la force, il faudra absolument que la source des abus se tarisse.*

Je le répète, l'INTÉRÊT BIEN ENTENDU, L'INTÉRÊT DE TOUS, L'ESPRIT PUBLIC, s'appuyant toujours sur la vérité, agissant par l'évidence, et se transmettant aux individus distingués par l'élévation de leurs sentimens, ainsi que par la promptitude de leur conception, prépare et fera co-exister les circonstances qui soumettront à leur empire non-seulement un certain nombre d'hommes, mais les nations elles-mêmes : car les hommes qui reçoivent l'ESPRIT PUBLIC s'empressent de le propager, et la masse d'instruction et d'intention acquerra une puissance irrésistible, universelle. *Voyez* INSTRUCTION, NATURE, PHILOSOPHIE, SYSTÊME SOCIAL, UNITÉ D'ACTION.

INTOLÉRANCE. — Elle ne doit agir que par l'ascendant de la bonne logique et du bon exemple. *Voyez* CRITIQUE.

INVIOLABILITÉ. — La force armée ne demeure pas à la disposition d'un individu, par cela uniquement qu'il s'imagine être *inviolable*.

L'*inviolabilité* exige la présence, la promulgation et l'action des principes du système social.

Ce ne sera que chez un peuple invincible, et gouverné selon l'esprit des lois absolument conformes à ses intérêts; ce ne sera que chez un peuple où chaque citoyen sera *inviolable*, que les législateurs et les gouvernans seront effectivement *inviolables* eux-mêmes. *Voyez* CONSCIENCE. *Voyez* RÉSULTATS DE L'INSTRUCTION, vol. V.

JURISPRUDENCE. — Loin d'avoir justifié sa définition, loin d'avoir rempli son objet, loin d'avoir été *la science des droits communs à tous les hommes, et des droits spéciaux de tel ou tel fonctionnaire*, la *jurisprudence* n'est encore qu'un dédale, qu'un chaos, dans lequel la contradiction et la multiplicité des lois, l'impertinente division des *pouvoirs* en *spirituel* et en *temporel*, le système féodal si absurde, la profusion des priviléges les plus pernicieux, la diversité des coutumes, l'opposition entre les avis des consultans, ainsi que la différence des jugemens des tribunaux dans des causes précisément les mêmes, insultent au bon sens.

La *jurisprudence* ne cessera d'être la *boîte de Pandore*, qu'après que les lois de l'organisation de l'homme ne seront plus méconnues; c'est d'elles seules qu'émane le droit individuel, conséquemment le droit public.

Le droit public n'étant lui-même que le total des droits de tous les individus qui composent une nation; pour être exacts, disons des *droits de tous les individus du genre humain,* ne falloit-il pas, pour écarter de la *jurisprudence* l'ambiguïté, la perplexité qui, jusqu'à présent, en avoient été inséparables, qu'une nation prépondérante supprimât chez elle les autorités opposées aux droits communs à tous les hommes; qu'en conséquence de cet effort, la nation se vît obligée à réformer elle-même toute son ignorance avec tous ses préjugés, et à atteindre le plus haut degré de la politique; se vît obligée à substituer, en tout

ce qui concerne le système social, l'évidence
aux opinions?

Ce sont les opinions qui occasionnent, qui
nécessitent les malheurs les plus fréquens et
les plus affreux; qui perpétuent l'ignorance,
la crapule, les adversités, l'ignominie du genre
humain.

La nation Française, indépendante de tout
préjugé, conséquemment dispensée de toute
hypocrisie, dispensée de paroître vouloir con-
cilier ce qui est inconciliable, peut, dès à présent, séparer de la *jurisprudence* ce qui ne
fait que la contrarier; par cela même, la *jurisprudence* recevra la perfection dont elle est
susceptible. Rien de ce qui se fera en bien ne
doit nous étonner. Les Français ne sont-ils
pas assez avancés pour ne se refuser à aucun
avantage, quand ils savent que leur esprit et
leur valeur sont bien dirigés?

JUSTICE. — La volonté ne suffit pas pour
être juste : il faut avoir des notions exactes
sur tout ce qui est relatif à l'affaire sur laquelle il s'agit de prononcer. Par-tout où le
vœu de la nature, par-tout où le systême social est méconnu, les lois sont vicieuses, et la
justice n'est qu'un mannequin auquel les pas-

sions donnent des attitudes à leur gré. *Voyez*
Morale, Nature, Système social.

Langage. — *Voyez* Civilisation.

LÉGITIME. — La loi ne peut pas atteindre
la pensée, ni toutes les actions. Pour n'avoir
jamais de reproches à nous faire, pour ne
nous dégrader en rien, pour nous conformer
à notre véritable intérêt, pour ne pas nous-
mêmes tuer le bonheur, nous devons suppléer
à la loi, en ne nous permettant rien contre
les commandemens de la pleine raison.

L'autorité *illégitime*, l'autorité qui lèse les
intérêts de l'humanité, a besoin d'empêcher
que le peuple n'apprenne à connoître ses
droits et sa force; elle ne peut se maintenir
que par l'imposture : au contraire, l'autorité
légitime repousse l'imposture; elle tend à substituer et substitue l'évidence aux opinions ;
elle ne veut exister que pour assurer les intérêts de l'humanité.

C'est en favorisant le perfectionnement du
genre humain; c'est en conduisant les nations
à la connoissance de leur intérêt, que les gouvernans se légitiment, et que les gouvernemens
se préservent de la caducité.

L'exercice des autorités conformes à l'intérêt des gouvernés, quand même il n'auroit
pas encore été délégué par le fait du vœu matériel, est légitime; il est sanctionné par le
vœu intentionnel de la nation; l'accord de la
raison publique et de la force publique existe,
et cet accord, une fois qu'il s'est établi, se
perpétue lui-même à jamais. *Voyez* CONTRAT
SOCIAL, DROIT, GOUVERNEMENT, INSTRUCTION,
MORALE, NATURE, PATRIE, POUVOIR SYSTÉMA-
TIQUE, SYSTÊME SOCIAL.

LIBERTÉ. — C'est l'indépendance de toute
autorité illégitime, de toute autorité qui contrarie les intérêts du genre humain.

C'est la faculté de faire tout ce qui ne nuit
ni à soi, ni aux autres; c'est le moyen de réaliser le perfectionnement du genre humain;
conséquemment le bonheur.

Elle consiste à n'être obligé qu'à ce que la
loi ordonne, et par-là même elle conduit à la
jouissance de tous les avantages que procure
l'obéissance aux lois dictées par la raison.

Elle consiste dans le droit, conséquemment
dans le devoir de faire valoir les propriétés
inhérentes à l'organisation de l'homme, ainsi
que les propriétés territoriales et mobiliaires,
au plus grand avantage du propriétaire.

Un peuple n'arrive à l'*indépendance* de toute autorité ennemie, à l'indépendance en vertu de laquelle les propriétés obtiendront un respect réel et permanent, que lorsqu'un assez grand nombre d'individus ont acquis une connoissance exacte *des facultés et des besoins de l'homme*, conséquemment *de ses droits et de ses devoirs*; que lorsqu'en même tems les circonstances permettent de proclamer les *droits de l'homme* : mais ce n'est pas tout, car l'*indépendance* de toute autorité ennemie exige l'*instruction nationale*, l'instruction qui autorisera, qui déterminera le peuple, le peuple lui-même, à n'admettre comme vrai que ce que la raison comprend.

Un peuple qui n'ignore plus que ni la prêtrise, ni la féodalité, ni aucun autre genre d'oppression ne peut subsister sans perpétuer la crapule du genre humain, la honte des nations, et la corruption des législateurs et des gouvernans, conséquemment tous les fléaux et toutes les calamités; un peuple qui, par le nombre et la valeur des individus, est assez fort pour ne reconnoître d'autre empire que celui des lois absolument conformes aux facultés et aux besoins de l'homme, exigera bientôt; et certes, il réalisera la répression du brigandage, quel que soit le prétexte sous lequel il s'exerceroit. *Voyez* Civilisation, Instruction, Intérêt, Loi, Nature, Système social, Contrat social, Unité d'action.

Liberté de la presse. Les abus de la *liberté de la presse* concernent ou les choses, ou les personnes. L'abus qui concerne les choses s'appelle sophisme, et celui qui concerne les personnes, c'est la calomnie. Quant aux sophismes, la *liberté de la presse* ne suffit-elle pas pour les réfuter? Quant à la calomnie, elle ne blesse guère chez une nation où la *presse est libre,* et ce n'est pas avancer un paradoxe que de dire : *La calomnie peut procurer des avantages réels, même à ceux qui en sont l'objet;* j'ajoute, sur-tout s'ils sont magistrats.

Ces maximes seront valables, lorsque l'instruction nationale sera assez avancée pour qu'elle-même puisse se faire justice des sophismes anti-sociaux.

Mais jusqu'à ce qu'un peuple, qui a proclamé *les droits et les devoirs de l'homme,* ait achevé son instruction; jusqu'à ce qu'il sache en toute occasion conformer son vœu matériel avec son vœu intentionnel; que par-là même il puisse constamment employer les moyens capables de s'assurer ses intérêts, une loi doit autoriser le pouvoir exécutif à rechercher et à paralyser les auteurs et fauteurs des écrits tendans à obscurcir et à défigurer les principes du système social.

Cette loi, quelque clairement qu'elle puisse être rédigée, ne doit être consentie que pour un tems déterminé; car si nos gouvernans sont éclairés et bien intentionnés, l'instruction nationale s'avancera si promptement, que la loi de répression deviendra bientôt inutile. *Voyez* CONSPIRATION.

LOI. — L'expression de la volonté d'un individu, ou de plusieurs individus, en exercice de cette portion de la souveraineté qui se désigne sous la dénomination de *pouvoir législatif*, s'appelle *loi*.

Les mauvaises lois sont dictées par l'arbitraire; les bonnes lois sont toutes faites. La connoissance des besoins et des facultés de l'homme les fera trouver et établir.

Les bonnes lois sont celles qui sont conformes au vœu de la nature; qui sont conformes à l'intérêt de tous les hommes : mais elles ne se font pas obéir, même elles ne peuvent se trouver chez une nation dont les individus méconnoissent leur propriété la plus précieuse et leur premier intérêt; méconnoissent leur perfectibilité, et continuent à dégrader leur instinct ainsi que leur entendement.

Malheureusement nos législateurs n'étoient pas tous suffisamment instruits, et plusieurs étoient mal-intentionnés; mais chez une nation qui sent le besoin de connoître son intérêt, le choix de ses fonctionnaires deviendra d'année en année plus satisfaisant; il deviendra même excellent; et si quelques intrigans, quelques brigands hypocrites se glissoient dans le corps-législatif, ils ne parviendroient plus à trahir les intérêts de commettans capables de les surveiller; à l'avenir, ces indignes députés renonceront à leurs desseins par la crainte seule de se démasquer. Non, le presbyteralisme ne contrariera plus l'autorité légitime, l'autorité qui veut gouverner conformément aux intérêts de la nation.

La promulgation du système social favorisera, elle nécessitera le perfectionnement de tous les individus d'une nation; conséquemment la promulgation du système social fera chercher, trouver et établir les bonnes lois, et alors que la perfectibilité humaine aura été mise assez en valeur pour que la majorité de la nation soit arrivée à la connoissance exacte de ses intérêts; conséquemment pour qu'elle

sache refuser son assentiment à ce qui répugne à la raison, et conformer à tous égards
son vœu matériel à son vœu intentionnel, les
mauvaises lois disparoîtront; mais les bonnes
lois, les lois absolument conformes aux facultés et aux besoins de l'homme, une fois qu'elles
seront établies, demeureront invariables (*).
Voyez CIVILISATION, MOEURS, PERFECTIBI-
LITÉ, PRINCIPE, UNITÉ D'ACTION.

LUXE. — *Voyez* NOTICE DES ÉCRITS SUR
L'ÉCONOMIE, SUR LA POLITIQUE ET SUR LA
MORALE.

MÉTAPHYSIQUE. — La *métaphysique* est
cette méthode qui facilite la recherche de la
vérité, assure sa découverte et son empire.

La métaphysique veut que nous connois-
sions les objets sous tous les rapports qui intéressent le raisonnement que nous avons à
faire; elle veut encore que le même terme
serve constamment selon la même valeur, et
elle exige des termes en assez grand nombre
pour que toutes les idées puissent être énoncées; elle nous force à trouver les idées qui
nous manquent, et à les énoncer avec une

______

(*) Article fait en l'an 5.

netteté laconique, afin de nous faire immanquablement distinguer ce qui est faux ou douteux d'avec ce qui est certain.

Faire des abstractions *métaphysiques*, c'est
ne considérer un objet que dans les parties et
selon les qualités qui intéressent le raisonnement que nous avons à faire, afin d'arriver
plus aisément et plus sûrement à des résultats
rigoureusement exacts, et de les présenter à
soi-même et aux autres avec plus de clarté.

La *métaphysique* ne transige jamais; elle
exige la même exactitude, la même inflexibilité que le calcul arithmétique (*).

C'est ainsi que par son essence et par son
résultat (par la justesse du raisonnement et
par la communication de la vérité) la *méta-*
physique établira le Pouvoir moral, car elle
fera trouver les bonnes lois, et y attachera un
respect motivé et imperturbable.

Les gens apathiques, les gens prévenus, les

(*) On appelle une science, *science abstraite*, pour
dire qu'elle ne peut être apprise que par ceux qui ont
acquis les connoissances qu'elle exige préliminairement.
Il en est de même des raisonnemens : dire qu'ils sont
abstraits, c'est dire qu'on ne peut pas les suivre, parce
qu'on manque des notions ou des dispositions requises
pour en apprécier soit la justesse, soit le vice.

gens mal-intentionnés ne comprendront quel
est le pouvoir de la *métaphysique,* que quand
ils se verront forcés à chercher leur salut dans
cet assentiment éclairé et unanime que l'évidence des principes du système social déterminera nécessairement. *Voyez* ABSTRACTION.

MÉTHODE. — C'est l'invention d'un plan
par lequel on se propose d'obtenir un succès
déterminé. La meilleure *méthode* est celle qui
nous fait arriver facilement, sûrement et
promptement au but proposé.

MOEURS. — L'excellence des mœurs privées consiste dans leur rapport avec les lois
de la nature de l'homme, et l'excellence des
mœurs publiques consiste dans leur rapport
avec les lois sanctionnées par l'évidence de
l'intérêt du genre humain.

Les bonnes lois font les bonnes mœurs;
mais pour trouver les bonnes lois il faut commencer par étudier le vœu de la nature, les
besoins et les facultés de l'homme. Quand
l'ESPRIT PUBLIC est parvenu à faire sentir à
une nation l'importance de cette étude, il lui
a fait obtenir un grand succès; cependant, il
doit encore s'avancer, et assez pour forcer les
législateurs et les gouvernans, à s'affranchir
des

des préjugés et des passions qui contrarie-
roient l'objet de leurs devoirs envers la nation. *Voyez* CIVILISATION, LOI, MOTIF, NA-
TURE, PRINCIPE.

MORALE. — Pourquoi la science la plus
importante quant aux résultats, et la plus simple quant aux principes, la MORALE, a-t-elle
demeurée occulte et stérile ?

C'est que les prêtres, ayant besoin de donner le change sur les motifs de l'invention, et
en même tems sur les motifs du maintien des
dogmes, des commandemens et des rubriques
de l'*Eglise*, ont amalgamé ces *dogmes*, ces
commandemens, ces *rubriques* avec la MO-
RALE; mais le mélange des opinions avec une
science, quelle qu'elle soit, rend l'étude de
cette science difficile et sa pratique fautive :
tout mélange d'opinions avec la MORALE la
contrarie donc, et celui des opinions presbytérales la paralyse.

L'habitude, l'ignorance, l'égoïsme le plus
mal-avisé et le plus funeste décidoient les potentats à perpétuer les opinions presbytérales;
mais les trônes étayés de l'autel, les gouvernemens qui ne savent point se séparer du systême de mensonge, s'écrouleront. Il n'y a plus
de lacune dans le système social; la commu-

N

nication de tous ses principes s'étend de jour
en jour; le bon sens dissipe le prestige.

Sans passions, sans besoins, point d'intérêt,
conséquemment point de *morale*; elle n'auroit ni base, ni objet.

Certes, le seul frein capable d'empêcher
l'homme de se nuire à soi-même et à autrui,
c'est l'intérêt, c'est *l'amour de soi*. Le genre
humain n'est vicieux et méchant, que faute
d'avoir l'intérêt bien entendu présent à l'esprit; que faute de savoir ce qu'il peut et ce
qu'il doit faire,

Il est de l'essence de la sagesse d'écarter les
causes capables de dépraver l'instinct, de fausser l'esprit, de dégrader les sentimens; il est
de l'essence de la sagesse de placer tous les
hommes dans ces circonstances qui les déterminent à se conformer à leur véritable intérêt; il est de l'essence de la sagesse de faire
valoir la perfectibilité du genre humain, de
cultiver sa raison, de lui enseigner la politique transcendante et éternelle, la *morale*.

La *morale*, c'est la science de perfectionner
les facultés de l'homme afin de pourvoir à ses
besoins; c'est la science de lui faire remplir
ses devoirs afin de le faire jouir de ses droits;
c'est la science d'accorder les pensées et les
actions de tous avec la conscience de tous,

conséquemment la force publique avec la raison publique; en peu de mots, c'est la science
de préserver les Gouvernemens de la caducité,
et de procurer et aux gouvernés et aux gouvernans l'inviolabilité physique et politique.

La théorie de cette science consiste dans
des notions exactes sur les divers besoins de
l'homme, sur ses facultés intellectuelles, sensitives et mécaniques, ainsi que sur le vœu intentionnel du genre humain, et sur les moyens
d'accomplir ce vœu.

La théorie de la *morale* date de la plus
haute antiquité; mais pour qu'elle puisse procurer au genre humain les avantages, sans lesquels le genre humain demeureroit vicieux et
malheureux; elle doit, dans toute sa pureté
et dans son intégralité, se communiquer aux
hommes en masse, au peuple lui-même.

Grace à cet art qui, de nos jours, étend à
l'infini la communication des idées, L'ESPRIT
PUBLIC, L'ESPRIT *qui consiste dans la connoissance de la vérité, et dans l'intention
d'établir le genre humain dans la pleine
jouissance de toutes ses facultés, de tous
ses pouvoirs, de tous ses droits,* libre dans
son essor, s'universalise.

Pour cela même, le mécanisme typographique servira constamment à sa destination, à

la promulgation des principes du système social; pour cela même, le genre humain acquerra la connoissance du motif de ses devoirs, la connoissance de son intérêt et celle
des moyens de se l'assurer. Oui, la *morale*
soumettra le genre humain à son pouvoir.

La *morale* agit par conviction et par sentiment ; c'est en substituant l'évidence aux
opinions; c'est en donnant à l'esprit la justesse, et aux sentimens l'élévation dont ils
sont susceptibles, qu'elle apprend à l'homme
qu'il ne peut transiger avec l'hypocrisie, qu'il
ne peut se séparer de sa raison, de sa sensibilité, du souvenir de ses pensées et de ses actions, sans perdre l'estime de soi-même, sans
violer, sans anéantir les lois de son organisation, sans intercepter et tarir les sources du
bonheur.

Les faits transmis par l'histoire, les événemens dont nous avons été les témoins, et la
connoissance des lois de l'organisation individuelle de l'homme, attestent que l'homme
pervers ne sauroit se soustraire au châtiment;
l'homme pervers est puni par la présence de
sa bassesse, et par le tourment de mériter le
mépris et l'aversion; et, de plus en plus, il
est puni par l'habitude même que le vice lui
a fait contracter.

L'habitude, mauvaise ou bonne, devient irrésistible. Pour ne pas faire nous-mêmes notre malheur, attachons-nous à la vertu; la vie sans vertu n'est qu'une chaîne d'égaremens et d'humiliations; les jours se succèdent avec les remords, ou la dernière perversion de tout sentiment humain anéantit la conscience.

Vous objectez : les hommes vertueux ne sont point sans adversité; SOCRATE et BAILLY ont succombé sous la haine des méchans.

La persécution et le meurtre des hommes vertueux, ainsi que tous les fléaux amenés par les causes politiques, déposent contre les partisans du mode de gouverner qui s'appuie sur le mensonge, déposent contre vous et contre les hommes auxquels vous ressemblez. C'est l'infiniment grand nombre des ignorans, des sots et des lâches, qui a toujours été la cause fondamentale des injures faites aux amis du genre humain, ainsi que de l'accueil fait aux fripons et même aux scélérats.

Mais vous persistez, et vous dites : *C'est nécessairement que le genre humain agit contre son intérêt; le genre humain est, et il demeurera ignorant, sot et couard.*

Votre système, le *système d'en imposer au peuple, le système de l'abrutir pour le sub-*

3

juguer, vous réduit, à chaque moment, au besoin du sophisme. Que vous êtes à plaindre! vous êtes forcés à être hypocrites, féroces et infâmes; vous craignez l'évidence, vous fuyez la vérité, la vertu et le bonheur; mais malgré votre aveuglement, malgré les efforts des partisans du système de mensonge, la vérité éclairera le genre humain; elle lui fera connoître, acquérir et conserver la vertu et le bonheur.

Aujourd'hui, en Europe et dans l'Amérique septentrionale, les hommes en masse savent et se disent que l'ignorance, la sottise et la couardise, ne sont point essentielles au genre humain; que ce n'est point par un vice inhérent à l'organisation de chaque individu que le genre humain manque de cette instruction sans laquelle il ne peut se conformer à son intérêt, sans laquelle il ne peut concevoir l'idée d'institutions qui concourent avec l'homme à faire valoir toutes ses facultés à son plus grand avantage : mais que cette instruction lui est refusée par des causes qui existent hors de l'homme, par des *causes politiques.*

En Europe et dans l'Amérique septentrionale, les hommes en masse savent et se disent que c'est chez eux, que c'est chez le peuple que résident simultanément et l'intention d'obéir aux principes du système social, et la

force physique, conséquemment la toute-puissance.

En Europe et dans l'Amérique septentrionale, les hommes en masse sayent et se disent
que les richesses matérielles, les richesses territoriales et mobiliaires avec des préjugés, loin
d'offrir à la société une responsabilité suffisante, occasionnent, que même elles nécessitent la résistance aux lois divines et humaines;
mais que les propriétés facultatives, les propriétés inhérentes à l'organisation de l'homme,
si la raison de chaque homme est cultivée, offrent à la société une responsabilité complète.

Et chez les peuples qui s'éclairent sur leur
intérêt capital, les magistrats ne sauroient demeurer au-dessous des connoissances de leurs
contemporains; ils sont obligés à savoir, ou
à apprendre, que la MORALE, enseignée dans
sa pureté, dans son intégralité, fournit à l'*autorité légitime*, à un gouvernement éclairé et
bien intentionné, le vrai moyen de déterminer une nation à s'occuper, avec succès, de
son bien être, conséquemment de déterminer
chaque citoyen à remplir ses devoirs.

L'ESPRIT PUBLIC, L'ESPRIT *qui consiste dans
la connoissance de l'intérêt du genre humain*,
l'ESPRIT qui tend à promulguer les principes
du système social, fermente dans plusieurs mil-

lions de têtes ; et, à une époque quelconque, il opérera des effets aussi certains, que ceux qu'opère cette autre force invisible, qui, d'année en année, produit des fleurs et des fruits. *Voyez* CIVILISATION. *Voyez* vol. V, RÉSULTATS DE L'INSTRUCTION.

MOTIF. — C'est ce qui détermine nos pensées et nos actions. Chez l'homme ignorant et superstitieux, il suffit d'une opinion, il suffit d'une assertion fausse pour l'engager à nuire aux autres et à soi-même. Voilà pourquoi il ne faut que peu d'esprit pour être un fripon, et pourquoi les sots se font mutuellement tant de mal.

Le *motif des devoirs de l'homme* n'acquiert de réalité, qu'en procurant à l'homme la certitude de jouir des droits qui lui appartiennent ; conséquemment le *motif des devoirs de l'homme* suppose que l'homme ait le droit de faire un bon usage de toutes ses facultés ; ainsi même, le *motif* des devoirs de l'homme suppose l'*instruction nationale* ; suppose *la communication franche, intégrale et solemnelle des principes du systême social, de la science de l'intérêt du genre humain,* de la MORALE elle-même : car c'est par cette communication, et ce n'est que par cette communication, que

chaque associé au pacte social parvient en
même tems et à obtenir une garantie non interrompue de la capacité, ainsi que de la fidélité des fonctionnaires de la nation, et à se
constituer sous la protection de lois conformes aux facultés et aux besoins de la nature
humaine. *Voyez* CITOYEN, GOUVERNEMENT,
INSTRUCTION, INTÉRÊT, NATURE.

NATION. — C'est l'agrégation des individus qui composent un état, sous la loi d'un
intérêt commun, ou supposé tel. *Voyez*
GOUVERNEMENT, HOMME, PATRIE.

NATURE. — C'est ce qui est inséparable
d'une chose sans qu'elle cesse d'être; c'est ce
qui amène une conséquence nécessaire : ainsi,
chaque être animé possède des facultés, et a
des besoins; ainsi, l'organisation de l'homme
lui donne des facultés supérieures, et cependant, par l'effet de l'ignorance originelle, et
par celui de l'imitation, l'homme est enclin
au merveilleux et à la superstition, tandis que
les autres êtres animés n'ont ni ce ridicule, ni
cette foiblesse.

La tyrannie qui, dès la naissance de l'homme,
s'en empare pour lui imposer le sceau de la
stupidité; qui imprègne ses organes de miasmes

superstitieux pour vicier ses moyens de perfectionnement; qui le flétrit par l'adversité,
le scandale et l'oppression, pour anéantir en
lui jusqu'au germe du sentiment de ses prérogatives; cette tyrannie date de l'origine du
genre humain; car l'ignorance, compagne inséparable de l'homme isolé, le livrant à l'au-
dace et à l'astuce, devoit établir l'oppression
par-tout où se formoit une société.

La fureur de la domination, déterminant les
individus qui s'en saisirent les premiers, à employer, pour la conserver, les mêmes moyens
qu'ils avoient employés pour l'établir, il falloit que le féodalisme associé au presbytéralisme, forçât le genre humain à contracter les
habitudes les plus pernicieuses, le déshonorât
par des espérances et des craintes frivoles,
l'accablât du mépris de lui-même, et l'induisît
à croire à l'impossibilité de changer sa condition.

C'est ainsi, qu'environné de prestiges, plongé
dans l'illusion, déconcerté dans la recherche
de ses premiers intérêts, mal servi, même trahi
par sa sensibilité, l'homme s'écartoit de ce qui
lui est salutaire, et se familiarisoit avec les affections qui le pervertissent, le tourmentent
et achèvent de le dénaturer.

L'ignorance, la crédulité et l'imitation ayant

livré les hommes en masse à l'ambition des personnages qui, les premiers, s'avisèrent de leur en imposer, les gouvernemens ne purent que s'appuyer sur le mensonge; conséquemment ils perpétuèrent l'ignorance et la superstition.

Mais le *systéme de mensonge* est directement opposé à l'intérêt du genre humain; le *systéme de mensonge* est en même tems ennemi du foible et du plus fort; il ne sait, ni ne peut se dispenser d'être atroce et envers les gouvernés et envers les gouvernans; car en perpétuant l'ignorance avec la superstition, en perpétuant la crapule et les calamités du genre humain, il occasionne et nécessite des revers, des dangers, des catastrophes auxquels les personnages qui exercent la souveraineté sont le plus exposés.

Ces tristes réflexions, que l'histoire de tous les siècles rappelle à chaque page, ont fait dire à JEAN-JACQUES ROUSSEAU que l'homme sauvage étoit moins à plaindre que l'homme civilisé; mais l'homme sauvage est avec un plus foible ou avec un plus fort que lui; et dans l'état sauvage, le plus fort ne s'empêche pas d'être le maître du foible. Ce n'est donc que là où il y a de bonnes lois, des lois sanctionnées par l'évidence des principes absolument conformes à l'intérêt de tous; que les circonstances procurent aux hommes un moyen immanquable de se garantir mutuellement leurs personnes et leurs autres propriétés.

Sans doute la destinée des hommes dépend de leur conduite; mais généralement leur conduite dépend de l'habitude dans laquelle se trouve le plus grand nombre d'entr'eux de renoncer à la raison, ou d'en faire usage; et dans un monde peuplé d'imbécilles, d'hypocrites et d'autres fripons, il ne peut exister de pouvoir moral, ni de bonheur.

L'imagination de l'homme pouvant être exagérée et devenir dangereuse, ses passions pouvant devenir bizarres, même absurdes, et son instinct étant moins fidèle que celui des autres êtres animés, concluons que l'homme continuant à croupir dans l'ignorance et dans la superstition, est exposé à des anxiétés, à des humiliations, à des malheurs dont les autres êtres animés sont exempts : concluons que pour s'élever à la dignité de son rang, et se procurer la jouissance de toutes ses prérogatives, le genre humain a besoin d'acquérir une entière connoissance de soi-même; a besoin d'être averti de ce que sa *nature* comporte en excellence comme en misère; a besoin de faire, à tous égards, valoir sa perfectibilité : car il a besoin de vaincre les ennemis qu'il porte en lui, et ceux dont les circonstances l'ont environné : une telle entreprise appartient à la philosophie. *Voyez* Philosophie.

NÉCESSITÉ. — C'est la cause de ce qui doit arriver. Elle tient aux lois constitutionnelles de l'univers, ou seulement aux circonstances.

Il est au pouvoir des hommes de faire naître des circonstances politiques, de les modifier et même de les écarter.

La *philosophie*, *l'esprit public* consiste à se conformer aux commandemens de Dieu et au vœu de la nature ; conséquemment à produire, à multiplier et à perpétuer les circonstances, dont le rapprochement et la simultanéité déterminent des effets avantageux à l'humanité. *Voyez* Cause, Circonstance, Destinée, Instruction, Intérêt, Nature, Philosophie, Théorie, Unité d'action. *Voyez* Résultats de l'instruction, vol. V.

NOBLESSE. — Ce mot se rapporte aux sentimens ou à une prétendue *qualité héréditaire*. La *noblesse* des sentimens dérive d'un bon naturel, de l'instruction, du bon sens, de la vertu; mais ce qu'on appelle *noblesse héréditaire* n'est qu'un arrangement *anti-physique*, imaginé par l'orgueil et la cupidité, accrédité par l'astuce et la violence, respecté par l'ignorance ou la lâcheté. L'individu qui se croit *noble* s'appelle *gentilhomme*, et il dit: *Le sang qui coule dans mes veines;* et il dit: *Quand la noblesse sera montée à cheval, elle fera voir que le peuple ne peut pas empêcher que les gentilshommes ne soient les fils de leurs pères.*

Loin de se conformer à l'esprit public, au vœu de la nature, à l'intention de Dieu, les *gentilshommes* étoient si vains et si stupides, qu'ils persistoient à prétendre à des prérogatives sur le peuple, et cela parce qu'ils *sont les fils de leurs pères, et que leurs pères ont été ou brigands, ou les amis du prince, ou des usuriers.*

Une dame de la cour rassuroit sa conscience par la réflexion, que Dieu, pour damner des gens de sa sorte, y regardoit à deux fois.

Un gentilhomme des environs de Marseille, pour faire concevoir quel fléau horrible c'étoit que la peste, dit: *Imaginez-vous, qu'en tems de peste, un gentilhomme n'est pas plus en sûreté qu'un paysan.*

Lecteur, je vous demande pardon de ces naïvetés, et je vous adresse à un personnage grave et ancien, à Sénèque.

« Qui est-ce donc qui est noble? Celui qui naturellement a des dispositions à la vertu. C'est tout ce qu'il y faut considérer; autrement, si vous en voulez faire la décision par l'antiquité, il n'y a si chétif qui de père en père, et d'aïeul en aïeul, ne vous mène si loin qu'il ne trouvera rien au-devant de lui. C'est bien chose vraie que, depuis la naissance du monde, nous ne pouvons être venus à notre siècle que par une mutation alternative de toutes sortes de conditions. Platon dit qu'il n'y a point de valet qui ne soit de race de rois, ni de roi qui ne soit de race de valets. Tout se bigarre en cette façon avec le tems. La vicissitude des choses est l'exercice de la fortune. Une basse-cour pleine d'images enfumées, n'est point ce qui fait l'homme noble : ceux qui ont été gens de bien devant nous, ne l'ont point été pour nous faire avoir de la réputation; nous n'avons rien à ce qui a précédé. C'est l'esprit qui fait l'homme noble, quand d'une cabane, aussi bien que d'un palais, il s'élève au-dessus de la fortune. »

OCCASION. — C'est le tems où l'on peut faire une bonne ou une mauvaise action. L'*occasion* éprouve l'homme; il devient estimable ou méprisable à soi-même selon qu'il en use. Un des principaux objets de la science du gouvernement consiste à écarter les *occasions* de manquer à la probité. *Voyez* INTÉRÊT, NATURE, THÉORIE.

OLIGARCHIE. — C'est un gouvernement exercé par un petit nombre d'individus intéressés à perpétuer l'ignorance des gouvernés. *Voyez* ARISTOCRATIE, FÉODALITÉ, GOUVERNEMENT, POUVOIR SYSTÉMATIQUE, THÉORIE, USURPATEUR.

OPINION. — Assertion dont la vérité n'est pas démontrée. Plus on connoîtra de vérités, moins il restera d'*opinions*. Rien n'importe plus au genre humain que de diminuer le nombre des *opinions*, puisque toutes elles sont dangereuses et fatales. Les *opinions*, par cela même qu'elles sont des assertions non évidentes, sont toutes hasardeuses; celles qui concernent le systême social sont inventées par des fourbes; d'autres fourbes et la multitude hébêtée servent d'*écho*.

Si

Si les *opinions* concernant le systême social n'étoient fausses, les gens occupés à les maintenir sauroient démontrer la réalité des choses qu'ils veulent établir par ces *opinions;* car toutes les vérités politiques et morales sont susceptibles d'être démontrées. Aujourd'hui donc les *opinions* ne peuvent plus être tolérées que par des ignorans, des esclaves, des lâches.

Les usurpateurs, les brigands subalternes, les fripons de tout étage, ayant les explications à éviter, sont contraints à s'autoriser des *opinions;* quant aux sots, ils aiment à s'en appuyer : elles les dispensent du raisonnement; et le raisonnement leur est en aversion par paresse, ou par ce défaut de conception qui tient au défaut d'habitude de faire un bon usage des facultes intellectuelles.

Disons tout en peu de mots. C'est sous les auspices de l'*opinion*, c'est sous les auspices des *prétextes*, que les partisans du *systême de mensonge* osent et peuvent léser les intérêts de l'humanité.

C'est donc un aveuglement déplorable, ou une horrible impiété, d'avoir l'intention d'empêcher que l'évidence ne se substitue aux *opinions*. Nier que les facultés du genre humain ne sont pas assez perfectibles pour qu'il puisse acquérir la connoissance du motif de ses devoirs, c'est nier l'existence de Dieu. *Voyez* Croire, Cultes presbytéraux, Faction, Fanatisme, Féodalité, Foi, Orthodoxie, Ingnorance, Pretrise, Sophisme, Superstition.

OPPOSITION. — *Voyez* vol. V, Résultats de l'instruction.

ORDRE. — Ce mot signifie ou une disposition, soit des choses, soit des personnes mises en leur rang, ou une société de moines sous telle ou telle dénomination, comme, par exemple, les *Bénédictins*, les *Bernardins*; ou une confrairie de chevaliers, comme, par exemple, les chevaliers de la *Jarretière*, de *Marie-Thérèse*; ou un des corps qui composent un état. C'est ainsi qu'en France on entendoit par les *deux premiers ordres*, le *clergé* et la *noblesse*, et que le peuple s'appeloit *le tiers*. Un peuple éclairé, sensible, valeureux, anéantit les supériorités devenues superflues, conséquemment parasites et illégitimes. *Voyez* Méthode, Principe.

ORGANE. — C'est une portion spécifique d'un être vivant, ou d'un corps politique, qui sert à une fonction particulière, et concourt à l'entretien et à l'exercice des autres. *Voyez* Faculté, Pouvoir.

ORTHODOXIE. — Selon la Sorbonne, *l'orthodoxie* est *la droite et saine opinion en matière de religion.*

Convenons d'abord des termes, et ensuite nous apprécierons à sa valeur la définition que la Sorbonne a donnée du mot *orthodoxie.*

Selon la définition des deux mots dont celui *orthodoxie* se compose, ORTHODOXIE c'est *la vraie doctrine.*

Le mot *religion*, selon sa signification, c'est *attachement.*

Quant au mot *opinion*, il veut dire *assertion, dont la vérité n'est pas démontrée.*

Ces préliminaires nous permettent de traduire la définition sorbonnique, et nous trouvons : *La vraie doctrine en matière d'attachement, c'est la droite et saine assertion qui n'est pas démontrée.*

Et voilà pourquoi les gens qui n'aiment point la suppression des abus, regrettent la Sorbonne; car pour soutenir que les *abus sont d'institution divine*, et que le *peuple doit être trompé*, il faut s'autoriser des décisions de la Sorbonne, et raisonner comme elle raisonnoit.

Mais Dieu est lui-même la VÉRITÉ. La VÉRITÉ, conséquemment Dieu et la vraie doctrine, répugnent aux opinions, aux révélations, aux sectes, aux sophismes, ainsi qu'au galimatias.

Le caractère de la vraie doctrine, c'est l'évidence; et certes, l'évidence manque par-tout où est l'opinion.

OSTRACISME. — *Voyez* NOTICE DES ÉCRITS SUR L'ÉCONOMIE, SUR LA POLITIQUE ET SUR LA MORALE.

PARADOXE. — Proposition contraire aux notions généralement admises.

Il n'y a de *paradoxes* que pour ceux qui manquent de l'instruction nécessaire pour reconnoître si la proposition est la conséquence ou d'un raisonnement exact, ou d'un sophisme.

Ne faire des *paradoxes* que pour embrouiller les idées, c'est être ennemi des progrès de l'esprit humain.

PASSIONS. — S'il n'y avoit ni passions, ni besoins, il n'y auroit point d'intérêt, il n'y auroit donc point de pouvoir capable de diriger la conduite de l'homme, il n'y auroit point de morale; elle n'auroit ni base, ni objet.

L'intérêt, *l'amour de soi,* pour se satisfaire, exige la connoissance de la vérité : aussi la morale est-elle la science de démontrer la vérité dont l'homme a besoin pour se conformer à son plus grand intérêt. *Voyez* INTÉRÊT, MORALE, NATURE, PHILOSOPHIE, VERTU. *Voyez* vol. V, RÉSULTATS DE L'INSTRUCTION.

PATRIE. — La *patrie* n'existe par ses effets, n'existe en réalité que là où la loi est conforme à l'intérêt de tous; que là où l'homme, libre de ne prendre que la raison seule pour guide, peut assurer les succès dus à son travail et à sa conduite; que là où l'homme n'admettant comme vrai que ce qu'il comprend, comme obligatoire que ce que la loi ordonne, jouit du droit de dire à celui qui s'arrogeroit le privilége de déraisonner : *Monsieur, si vous prétendez m'apprendre ce que vous-même ne savez pas, vous n'êtes qu'un sot; mais vous seriez un fripon si vous aviez quelqu'intérêt à me parler, et à ne pas en même tems me faire comprendre ce que vous me dites.* Voyez Citoyen, Civilisation, Culte divin, Esprit public, Homme, Instruction, Liberté, Morale, Nature, Système social.

PENSÉE. — On n'est pas toujours le maître de sa *pensée;* cependant cela n'arrive guères qu'il n'y ait eu de notre faute, soit parce que nous avons commencé à nous familiariser avec certaines *pensées,* soit parce que nous n'avons pas eu le courage de réformer les mauvaises qualités de notre caractère, soit parce que nous avons manqué au régime par défaut ou par excès. *Voyez* Nature.

PERCEPTION. — La *perception* se fait lorsque l'esprit conçoit l'idée de quelque objet. Nos *perceptions* sont claires, quand nos sens présentent à notre esprit les objets avec fidélité et exactitude; dans le cas contraire, nos *perceptions* sont obscures, et elles peuvent nous jeter dans l'illusion. *Voyez* Faculté, Illusion, Nature, Sens, Sensibilité.

PÈRE. — MÈRE. — La nature elle-même inspire aux enfans de l'attachement et de la vénération pour leurs parens. Les bons exemples, l'instruction et les autres bienfaits que les enfans en reçoivent, donnent aux sentimens inspirés par la nature le caractère qui constitue la *piété filiale.*

PERFECTIBILITÉ. — C'est la disposition d'acquérir des connoissances et de l'habileté. Jusqu'à nos jours, le perfectionnement du genre humain a été empêché par les autorités illégitimes, par le presbytéralisme et par le féodalisme.

Mais puisque ce n'est point par des causes inamovibles, puisque ce n'est point en conséquence de l'organisation individuelle que les hommes demeurent ignorans, superstitieux, vicieux et malheureux; qu'au contraire, ce n'est que par des causes politiques, par des causes qui peuvent être modifiées, et même anéanties; il est évident que plutôt ou plus tard, mais immanquablement, les personnes et les choses qui empêchent que chaque homme ne fasse valoir sa *perfectibilité*, seront à jamais écartées.

Que le système social se présente dans son intégralité, qu'il se présente avec clarté, qu'il se présente avec solemnité, et l'INSTRUCTION NATIONALE, l'instruction conforme à l'intérêt

4

de tous les Français, ainsi qu'à l'intérêt du genre humain, se communiquera comme par une commotion électrique.

La promulgation du système social favorisera, elle nécessitera le perfectionnement de tous les individus d'une nation ; conséquemment la promulgation du système social fera chercher, trouver et établir les bonnes lois, et alors que la perfectibilité humaine aura été mise assez en valeur pour que la majorité de la nation soit arrivée à la connoissance exacte de ses intérêts ; que, conséquemment, elle sache refuser son assentiment à ce qui répugne à la raison, et conformer à tous égards son vœu matériel à son vœu intentionnel, les mauvaises lois disparoîtront ; mais les bonnes lois, les lois absolument conformes aux facultés et aux besoins de l'homme, une fois qu'elles seront établies, demeureront invariables. *Voyez* INTÉRÊT, NATURE, PHILOSOPHIE, PROPRIÉTÉ, SYSTÊME SOCIAL.

PEUPLE. — C'est la portion la plus nombreuse des individus, et sans laquelle il n'y auroit ni état, ni société. Dans les états où, comme en France, *les droits et les devoirs de l'homme* sont proclamés, le *peuple* est la nation entière. *Voyez* CITOYEN, CIVILISATION,

Homme, Instruction, Liberté, Morale, Nature, Patrie, Perfectibilité, Souverain, Système social.

PHILOSOPHIE. — Ce mot veut dire *amour de la sagesse*, et la sagesse est elle-même l'intention de trouver et d'employer les moyens capables de faire exister le bonheur. La sagesse a donc pour objet l'étude de l'homme, et celle des causes de toute influence qui exerce un empire sur lui.

Des observations multipliées et exactes sur les résultats des lois de la nature de l'homme, avoient bientôt fait connoître à des esprits méditatifs et pénétrans, que la terreur, la superstition, la dépravation, la turpitude n'étoient point essentielles au genre humain ; mais qu'elles se perpétuoient par des causes accidentelles et amovibles, par des causes *politiques*.

L'invention d'un art capable d'établir une facile et prompte communication des idées, d'un art capable de transmettre à une nation entière et à toutes les nations la même pensée, procurant à la *philosophie* le moyen d'anéantir le presbytéralisme, d'anéantir le pouvoir qui contraint le genre humain à ignorer sa perfectibilité, ses prérogatives et sa force, la *philosophie* atténuera, elle écartera les autres causes politiques funestes à l'humanité.

Quoique les oppresseurs du genre humain se fussent les premiers emparés de l'imprimerie, quoiqu'ils la fissent servir à étendre la vogue des sophismes les plus propres à faire endurer leur domination ; aujourd'húi cependant l'imprimerie assure à la vérité le triomphe sur le prestige.

Sans doute les chaînes de l'habitude sont difficiles à rompre ; sans doute l'organisation de l'homme se prête à une bassesse et à une perversité extrêmes ; mais cette même organisation peut produire des conceptions sublimes et des sentimens généreux ; et certes, cette même organisation autorise la presque totalité du genre humain à en appeler à la raison en tout ce qui concerne ses intérêts, conséquemment à concevoir que ce n'est que par l'effet d'un système anti physique, anti-moral, exécrable, par l'effet de la conjuration des prêtres et des autres ennemis du genre humain, que le genre humain a demeuré ignorant, abject, vicieux et malheureux.

Les factions renaissoient les unes des autres ; car la perfectibilité de l'homme, l'intérêt bien entendu, l'intérêt de tous, le système social, la voix de Dieu, étant méconnus, il ne s'agissoit que de substituer des opinions aux opinions, et l'intention des vainqueurs n'étoit autre que celle des factieux abattus. Quelque parti qui l'emportât, les nations n'en demeurèrent pas moins au pouvoir des gens mal-intentionnés; et l'absence de la vérité, l'absence des principes conformes à l'intérêt du genre humain, continuoit à nécessiter la confusion, le trouble, l'inconséquence dans les pensées et dans les actions.

L'histoire de tous les siècles atteste l'impiété, le méphitisme, l'atrocité du système de mensonge.

Les richesses avec l'orgueil, avec la démence que l'esprit de mensonge et d'usurpation perpétue, sont ennemies des lois divines et humaines; elles s'opposent à ce que le genre humain parvienne à jouir de sa propriété la plus précieuse, la PLEINE RAISON; elles emploient sans relâche des moyens qui tendent à étouffer le sentiment des droits et des devoirs de l'homme. Qu'en est-il arrivé? L'homme qui ne jouit pas de ses droits, manque du motif de ses devoirs; et c'est ainsi que le système de mensonge a forcé le genre humain à être à-la-fois imbécille et méchant, à être l'ennemi de lui-même.

Et de nos jours, où, par son stupide aveuglement, l'autorité aristocratique devoit consommer ignominieusement sa ruine; les prêtres et les autres exclusifs se sont de plus en plus enfoncés dans les ténèbres du crime. Loin de craindre que leur opposition à la réforme des abus favorisât les desseins du *Cabinet de Londres*, favorisât les prétextes et les occasions de provoquer à tous les forfaits, au pillage, aux dévastations, aux incendies, aux meurtres; il se flattèrent que tant de fléaux et une guerre à soutenir contre la plupart des rois, accableroient le peuple Français, et que le peuple Français, dans sa détresse, dans son désespoir, rappelleroit les *deux premiers ordres*.

Mais la destinée veut qu'un peuple immense et invincible, qui proclame les droits de l'homme, abatte et écarte ses oppresseurs avec les préjugés sur lesquels ils s'appuient. Le triomphe d'un tel peuple intéresse le genre humain; car le salut du genre humain exige que, sur tout le globe, la raison triomphe des préjugés.

Les événemens politiques ne dérivent pas plus du hasard que les effets physiques. La poudre à canon, abandonnée à elle-même, n'a qu'une force d'inertie; mais elle acquiert une activité incoërcible à l'instant du contact de l'étincelle; de même le genre humain,

étant ignorant et superstitieux, devoit, dans les
tems d'insurrection, être l'instrument des factieux, et dans les intervalles où subsistoit un
gouvernement reconnu, il devoit être la victime des privilégiés; conséquemment il devoit
toujours être passif, stupide, vicieux et malheureux : mais il n'arrivera point à la connoissance de sa perfectibilité sans briser ses chaînes,
sans s'établir pour jamais dans tous ses droits.

Aujourd'hui le presbytéralisme est démasqué, et l'entendement humain ne sera plus
empêché de remonter à la source des autres
abus; il les attaquera donc et les écartera. *Le nombre des individus qui, dans un état, ont à souffrir dés abus, ne surpasse-t-il pas le nombre de ceux qui en profitent? et la force matérielle n'existe-t-elle pas chez le plus grand nombre? Pour réformer les abus de toute espèce, il ne s'agit donc que de communiquer les principes du systême social au peuple : car la connoissance des principes du systême social, le certifiera que son salut dépend de lui-même.*

L'esprit de vérité, l'esprit protecteur
des nations, l'esprit qui écarte tous les factieux à mesure que les nations acquièrent la
connoissance des facultés et des besoins de
l'homme, la connoissance du vœu de la na-

ture et de l'intention de Dieu, se propage chez tous les peuples; il décidera le perfectionnement des facultés intellectuelles du genre humain; perfectionnement sans lequel le pouvoir moral ne s'établiroit jamais, ne pourroit même se concevoir.

Chez les peuples décidés à ne se soumettre qu'à la PLEINE RAISON et AUX LOIS, les bonnes lois, les lois les plus conformes à l'intérêt du genre humain, se trouveront et se feront obéir, et en même tems il se présentera un grand nombre d'hommes capables d'analyser les procédés des gouvernans : les gouvernans, s'ils sont ineptes, ne pourront que montrer leur honte; mais ceux qui auront assez de savoir et de talens pour se conformer à l'esprit de leurs fonctions, à l'objet de la création du gouvernement, aux intérêts des gouvernés, se féliciteront de la surveillance de l'œil républicain (*); ils opposeront un bouclier impénétrable aux efforts de tous leurs ennemis; car

(*) Le *systême républicain* est celui qui exige la conformité des lois de l'état, ainsi que celle des actes du gouvernement, avec l'intérêt de tous les associés au pacte social; pour cela même chez un grand peuple, le *systême républicain* commande que le pouvoir exécutif n'ait qu'un chef. *Voyez* RÉPUBLIQUE, UNITÉ D'ACTION.

l'instruction du peuple, si fatale aux gouvernans dont l'imposture est le nerf, constitue la force des gouvernans qui s'appuient sur la vérité.

La vérité se substituant au mensonge, multipliera les gouvernemens philosophiques, les gouvernemens conformes à tous les intérêts du genre humain; conséquemment conformes à l'intention de DIEU. La vérité consolidera de tels gouvernemens et en augmentera la vigueur à mesure que l'instruction s'universalisera : au contraire, le *systême féodo-presbytéral, incohérent par son essence, menteur, corrupteur par ses goûts et par ses besoins, concussionaire, anarchiste et meurtrier par les accidens qu'il nécessite, comme périodiquement,* ne tient et ne peut tenir son crédit que du défaut de la communication du bon sens. Le systême féodo-presbytéral s'usera donc avec les sophismes.

La source des malheurs du genre humain n'est si abondante, qu'à cause des raisonnemens faux.

C'est avec des raisonnemens faux que les ennemis du genre humain sont parvenus à faire accroire que l'homme qui ne possède point de biens territoriaux ou mobiliers, ne peut offrir ni à la société, ni au gouvernement, une responsabilité valable; mais que

l'homme qui possède des propriétés matérielles, offre par cela seul une responsabilité excellente et à la société et au gouvernement.

Cependant, sans la protection, sans l'action
des principes du système social, sans la PLEINE
RAISON , ni les riches ni les pauvres, ni les
gouvernans, ni les gouvernés, ne peuvent procurer ni aux personnes, ni aux autres propriétés, un respect inviolable; nul n'offre de
responsabilité; tous sont de la populace; tous
sont vicieux et abjects; tous méconnoissent
les lois divines et humaines.

La PLEINE RAISON, elle seule peut procurer
au gouvernement, ainsi qu'à la société, une
responsabilité complète et de la part des hommes qui ne possèdent que les propriétés inhérentes à leur organisation , et de la part des
hommes riches en biens territoriaux et mobiliers.

C'est à la *philosophie* à sauver le genre humain de son égarement, et à le placer dans
des circonstances qui l'autorisent à reconnoître la PLEINE RAISON et à y obéir.

C'est à la *philosophie* à établir le système
de vérité, à enseigner la seule bonne religion, la religion qui commande la fraternité
humaine, qui commande la communauté des
principes

principes entre les gouvernans et le gouvernés, entre les pauvres et les riches.

Toutes les circonstances ambiguës, insidieuses, menaçantes, étant écartées, le sentiment de l'intérêt personnel avertira l'homme
possédant les facultés sensitives, intellectuelles et mécaniques pour toute propriété,
qu'il ne peut se passer d'une protection capable de faire imperturbablement respecter cette
propriété si précieuse; que conséquemment
rien ne lui importe plus que de faire respecter les droits de l'homme, et à cet effet d'en
remplir lui-même tous les devoirs.

Et l'instruction du peuple, conséquemment
la promulgation des principes du système social, forcera la politique à acquérir une telle
perfection, qu'entre la politique et la morale
il s'établira une affinité intime, affinité qu'aujourd'hui en France l'esprit public exige, et
qu'il y cimentera par l'accord de la raison et
de la force.

CICÉRON, dans son siècle, ne pouvoit s'a-
dresser qu'à un petit nombre d'hommes, quand
il dit : *Opinionum commenta delet dies, na-
turae judicia confirmat.* : aujourd'hui toutes
les nations de l'Europe comprennent le sens
de cet aphorisme.

P

POLITIQUE. — La politique apprend à se servir des moyens les plus propres à déterminer un succès conformément à ses vues. *Voyez* INTÉRÊT, NATURE, PHILOSOPHIE, POUVOIR MORAL, POUVOIR POLITIQUE, SYSTÊME SOCIAL.

POPULACE. — L'ignorance, les mauvaises habitudes, la crapule et la pauvreté caractérisent la *populace*. Les gouvernemens qui ne se purgent pas de l'arbitraire, perpétuent les abus; les abus perpétuent la misère du plus grand nombre des individus, conséquemment ils perpétuent et l'ignorance, et les mauvaises habitudes, et la crapule. Aussi la lâcheté, la perfidie, la paresse, la malpropreté, l'absence de la bonne religion, la plus déplorable dégradation de l'espèce humaine, forment-elles le caractère national des peuples asservis par la féodalité et par le presbytéralisme.

Si vous prétendez que l'homme, ne pouvant pourvoir à ses besoins que par un travail mécanique, doit être contenu par l'imposture, vous-même vous êtes corrompu, lâche, impie, inconséquent; vous voulez un effet absolument opposé à celui que sa cause doit produire : vous privez l'indigent de la *jouissance de la raison*, de la jouissance de la propriété la plus précieuse, et cependant vous voulez qu'il respecte vos *propriétés matérielles?*

Cessez de faire à autrui ce que vous ne voulez pas qui vous soit fait : Cessez de tromper le pauvre ; alors la nature n'étant plus violentée et flétrie, l'instinct et les réflexions de l'amour - propre appuyé sur la connoissance de son intérêt, substitueront chez le pauvre des sentimens honnêtes à l'abrutissement, et la conduite à la crapule.

Telle est l'énergie de l'instinct humain, que, malgré les vices des gouvernemens et l'influence du mauvais exemple, peu d'hommes sont entièrement dépourvus de sentimens honnêtes ; mais en général ils sont entraînés par leurs habitudes. *Video meliora, proboque, deteriora sequor :* jusqu'à présent cette devise convenoit à tout le genre humain, aussi bien qu'à ce savetier qui, ayant rencontré un ivrogne gisant dans le ruisseau, s'écria : *Ce que c'est de nous ! l'homme peut-il se mettre en pareil état ? — Eh bien ! quand je reviendrai des Porcherons, je serai comme cela dimanche prochain.*

POUVOIR. — Ce mot s'applique aux facultés *mécaniques, sensitives et intellectuelles ;* ou aux autorités produites, soit *conséquem-*

ment à l'ignorance des hommes qui formèrent le premier état de société, soit *conséquemment aux progrès de l'esprit humain.*

Les *facultés sensitives* produisent le *pouvoir* le plus impérieux, les *passions*; elles produisent encore un autre *pouvoir* étendu et efficace à l'infini, les *exemples* et l'*imitation :* c'est ainsi que, par leur propre action, les *facultés sensitives* se modifient elles-mêmes.

Les autorités produites conséquemment à l'ignorance originelle, s'intitulent les unes *pouvoir spirituel*, les autres *pouvoir temporel;* de là le *presbytéralisme*, l'*oligarchisme*, le *féodalisme*, etc.

Les autorités établies conséquemment aux connoissances acquises en politique et en morale, se nomment *pouvoir législatif, pouvoir exécutif, pouvoir judiciaire*. *Voyez* Droit public, Garantie, Gouvernement, Morale, Nature, Philosophie, Système social.

La France république n'admet que des *autorités constitutionnelles*, c'est-à-dire des *pouvoirs* délégués en connoissance de cause; des *pouvoirs* dont le genre humain a besoin pour perfectionner ses facultés, et s'assurer, sous tous les rapports, la jouissance du plus grand bien-être.

POUVOIR MÉTAPHYSIQUE. — Il consiste dans la connoissance de la vérité, et c'est par elle qu'il agit. La communication du *pouvoir métaphysique* établit donc et perpétue *le pouvoir moral*. *Voyez* INSTRUCTION, INTÉRÊT, MÉTAPHYSIQUE, POUVOIR, NATURE, PHILOSOPHIE, POUVOIR MORAL, VERTU.

POUVOIR MORAL. — Le *pouvoir moral* exige que tous les associés au pacte social soient placés dans des circonstances qui déterminent l'intérêt personnel à ne point faire à autrui ce que nul ne veut qu'il lui soit fait; il exige donc l'usage libre et habituel de la pleine raison; conséquemment il exige le perfectionnement du genre humain.

En écoutant, en cultivant la raison, nous obéissons au vœu de la nature, notre conscience s'éclaire, nous entendons la voix de DIEU; car nous sentons que nous ne deviendrons heureux, qu'en cessant d'être environnés de circonstances qui nous excitent, qui nous forcent à offenser, à mépriser nos semblables et nous-mêmes.

Notre bonheur ne peut être isolé : pour que vous, vous individu, vous puissiez vous conformer à votre véritable intérêt, aux *lois divines et humaines*, il faut qu'en même tems

3

les hommes en général sachent s'y conformer; il faut conséquemment que les législateurs eux-mêmes et les gouvernans obéissent à la raison, soient soumis au despotisme de la vérité.

Il ne peut y avoir de *pouvoir moral*, d'intérêt bien entendu, de bonheur parmi les hommes, quand l'unité d'intérêt leur manque; et l'unité d'intérêt ne peut exister sans l'unité des principes. Voilà pourquoi la *morale* ou la *science de l'intérêt de tous*, la *science d'établir le respect des propriétés sur une base évidente et immuable*, rejette les spéculations qui ont besoin de la stupeur et de l'avilissement des peuples; voilà pourquoi la morale exige que ses principes soient présentés avec l'évidence qui caractérise la vérité, avec l'évidence qui nécessite la conviction, l'assentiment intime des législateurs, des gouvernans et des gouvernés.

Par cela même qu'il ne peut y avoir que deux modes de gouverner; *le mode de gouverner qui s'appuie sur le mensonge, et le mode de gouverner qui s'appuie sur la vérité*, il falloit, tant que l'empire du presbytéralisme étoit absolu, que les gouvernemens contrariassent leur objet, *l'intérêt des gouvernés*.

A l'époque où, grace à la philosophie et à

l'art typographique, le *mensonge*, le *presby-téralisme* est traduit à la clarté du jour, l'incapacité ou la perversité trahit les gouvernans ou ineptes, ou prévaricateurs à mesure que le peuple acquiert des connoissances exactes sur son intérêt; immanquablement donc l'*accord de la raison et de la force* décernera *le triomphe à la cause du genre humain.*

S'il est encore des gens qui, en punition des habitudes les plus abjectes, ne comprennent pas que la dépravation n'est pas essentielle à l'homme, ne comprennent pas que sa dépravation ne subsiste que par accident, ne comprennent pas qu'elle n'est que l'effet d'un prestige perpétué par la plus exécrable politique, par l'*aristocratisme*, l'empire de la nécessité n'en sera pas moins irrésistible. Oui, une nation chez laquelle le presbytéralisme s'anéantit, parvient nécessairement à opérer la réforme de tous les abus qui la lèsent.

Le presbytéralisme s'oppose au *pouvoir moral*; le presbytéralisme étouffant la raison du genre humain, le force à mal entendre son intérêt.

Mais la proclamation des *droits de l'homme* invite et oblige les Français à se convaincre qu'il n'y a de salut ni pour les gouvernés, ni pour les gouvernans, ni pour les riches, ni pour les pauvres, si tous ils ne se rangent sous la protection de la vérité fondamentale du système social : CHAQUE HOMME, SI SA RAISON EST CULTIVÉE ET SI CELLE DE SES CONCITOYENS L'EST AUSSI, OFFRE A LA SOCIÉTÉ UNE GARANTIE COMPLÈTE.

Telle est la prééminence du *pouvoir moral* sur tous les autres *pouvoirs*, qu'à l'époque où la vérité se manifeste, les gouvernans prévaricateurs sont, ainsi que tous les factieux, contraints à trahir incessamment leur intention.

C'est ainsi que par-tout où les factieux seront forcés par l'ESPRIT PUBLIC à rendre authentiquement hommage au POUVOIR MORAL, l'opposition de leur conduite aux principes qu'ils auront à afficher, signalera nécessairement leur perfidie : le POUVOIR MORAL en fera justice, et il se subordonnera les efforts de tous les partis.

Ce sera ainsi qu'en dépit dès rois coalisés contre les principes du système social, et en dépit des autres factieux, la série des événemens, la destinée elle-même, établira les principes qui répugnent aux illusions de tout genre, qui conséquemment feront disparoître, sans retour, tous les obstacles à l'instruction nationale, à l'instruction qui exige la communication intégrale et solemnelle des principes du système social : car c'est dans la communication des principes du système social, que consiste le moyen de réaliser la garantie des droits des gouvernés, et conséquemment celle des devoirs des législateurs et des gouvernans (*). *Voyez* INSTRUCTION, NATURE, NÉCESSITÉ, PHILOSOPHIE, RÉPUBLIQUE, SYSTÈME SOCIAL, UNITÉ D'ACTION, VERTU. *Voyez* RÉSULTATS DE L'INSTRUCTION, vol. V.

POUVOIR POLITIQUE. — Il naît des circonstances et s'y conforme.

Tant que les circonstances contrarieront l'intérêt du genre humain, le *pouvoir politique* sera perfide, cruel, atroce et envers les gouvernés et envers les gouvernans.

Voilà pourquoi la philosophie prépare et amène les circonstances propres à identifier le *pouvoir politique* avec le *pouvoir moral*.

POUVOIR SPIRITUEL. — Quand vos petits-neveux vous demanderont ce que c'étoit que le *pouvoir spirituel*, vous aurez besoin de leur donner quelques notions préliminaires

____

(*) Article fait en l'an 5.

pour leur faire comprendre ce que c'étoit que le *pouvoir spirituel.*

Vous aurez besoin de leur expliquer ce que c'est qu'une *révélation*, et ce que c'est que la *foi.*

Après quoi vous petits-neveux vous diront que le *pouvoir spirituel* étoit très-mal nommé, puisqu'il devoit s'affoiblir à mesure que l'instruction succéderoit à l'ignorance ; ils vous diront que la nation qui, la première, avoit acquis une connoissance exacte des principes du systême social, devoit la première anéantir une autorité incompatible avec le bon ordre ; une autorité qui est infiniment pernicieuse, quand le peuple y croit ; une autorité qui est parasite, et par-là même scandaleuse, quand le peuple n'y croit pas ; une autorité dont les factieux tirent parti, soit sous le prétexte de la renverser, soit sous le prétexte de la soutenir ; mais qui ne peut jamais que contrarier un gouvernement bien intentionné.

— On diroit que vous ignorez qu'un concile national fait des *considérans,* des *arrêtés* et des *décrets,* sous les yeux, même sous la protection du gouvernement (*).

____

(*) Article fait en l'an 9.

— Les conciles qui se sont tenus dans les siècles passés, en Asie et en Europe, n'ont pu faire que du mal ; celui qui aujourd'hui se tient en France ne peut faire que du bien.

— D'accord sur le mal que les conciles précédens ont fait ; mais je ne vois pas que celui séant aujourd'hui 23 messidor an 9, à Paris, puisse faire du bien.

— La disposition des esprits décide de toutes les entreprises qui ont besoin soit de l'opinion, soit de l'évidence.

Dans les siècles qui précédèrent l'invention de l'imprimérie, les nations ne purent arriver à la connoissance de leur intérêt ; il falloit que la masse des hommes demeurât sous le joug des opinions, demeurât dans l'ignorance, dans la crapule, dans les illusions les plus grossières : aussi, dans le premier concile qui fut tenu (à Nicée en 325), étoit-il question de savoir si Jésus *est créé ou incréé*; si *le fils est consubstantiel du père?* Ce même concile, afin de distinguer les livres canoniques, les livres dictés par le *St.-Esprit*, d'avec les livres apocriphes, les mit tous sur un autel ; les apocriphes tombèrent par terre d'eux-mêmes.

Dans les conciles subséquens, il s'est agi de choses aussi édifiantes ; de plus on y excommunia des empereurs et des rois.

Mais le concile d'aujourd'hui s'occupe d'accorder les dogmes de *l'Église* avec les principes du système social : c'est le superlatif de la démence ou de l'hypocrisie ; et voilà, grace à l'imprimerie et aux progrès du bon sens, où en sont réduits les pères du concile de *l'Église Gallicane* (*).

— Ils n'en prétendent pas moins que c'est aux prêtres à enseigner la morale.

— Confier l'enseignement de la morale aux prêtres, c'est confier les moutons à la garde des loups.

— Précisément ; car il est de l'essence de la prêtrise de tuer la raison. La prêtrise est une conspiration contre la vérité, contre le pouvoir moral, contre DIEU et contre le genre humain. *Voyez* CULTE DIVIN, CULTE PRESBYTÉRAUX, MORALE, RELIGION, UNITÉ D'ACTION. *Voyez* RÉSULTATS DE L'INSTRUCTION, vol. V.

POUVOIR SYSTÉMATIQUE. — C'est une autorité usurpée ou déléguée ; c'est une autorité opposée ou conforme à l'intérêt des gouvernés.

(*) *Voyez* PRÉCIS HISTORIQUE POUR SERVIR A L'ÉTUDE DE LA POLITIQUE ET DE LA MORALE.

Les *pouvoirs systématiques* dérivent d'un usage ou incomplet, vicieux et abominable, ou plein et salutaire des facultés intellectüelles.

L'imposture et la férocité ont pu, à cause de l'ignorance originelle, produire le *presbytéralisme* avec tant d'autres *pouvoirs* monstrueux, perfides, insolens, funestes : mais le genre humain est perfectible, et il l'est assez pour acquérir une connoissance exacte des moyens de modifier toutes les causes politiques à son avantage.

L'ascendant de la vérité, l'ascendant qui détermine l'accord de la raison et de la force, anéantira donc les *pouvoirs systématiques* illégitimes, les *pouvoirs systématiques* ennemis du genre humain, et il y substituera des *pouvoirs systématiques* vraiment conformes au vœu de toutes les nations, conformes aux intérêts des gouvernés. *Voyez* AUTORITÉ, DROIT PUBLIC, ESPRIT PUBLIC, GARANTIE, GOUVERNEMENT, INTÉRÊT, NATURE, PHILOSOPHIE, PROPRIÉTÉ, SYSTÈME SOCIAL, UNITÉ D'ACTION, VERTU, VŒU INTENTIONNEL, VŒU MATÉRIEL. *Voyez* RÉSULTATS DE L'INSTRUCTION, vol. V.

PRÉJUGÉ. — C'est une opinion fausse, une croyance dont les autorités illégitimes, les gouvernans ineptes ou scélérats, et les intrigans subalternes se servent pour perpétuer l'ignorance et les vices, afin de pouvoir exercer l'oppression et le brigandage.

Les autorités mal-constituées, mal-avisées, mal-intentionnées, ainsi que les charlatans en sous-ordre, ne peuvent se dispenser de contrarier le perfectionnement de l'homme; car les autorités illégitimes et les charlatans de toute cathégorie ne peuvent subsister qu'à l'aide des *préjugés*.

Les principes du système social peuvent et doivent être démontrés aux hommes en masse.

Une nation chez laquelle les *droits de l'homme* sont proclamés, n'ignore plus qu'en ce qui concerne la *morale*, le *gouvernement* et les *administrations*, la maxime, *il y a des préjugés respectables*, est impie, est sotte et atroce. *Voyez* OPINION, THÉORIE.

PRESBYTÉRALISME. — Système qui exige que les hommes soient les uns fripons, les autres sots, et qui à cet effet suppose une révélation.

Pour se former une idée complète des résultats du *presbytéralisme*, il convient de le considérer par rapport aux hypocrites, par rapport aux demi-savans, par rapport aux égoïstes, et par rapport aux imitateurs imbécilles. *Voyez* FOI, HYPOCRISIE, POPULACE, RÉVÉLATION.

PRESTIGE. — Illusion produite dans l'intention d'en imposer.

Le *prestige* a besoin de l'ignorance de la multitude ; c'est l'ignorance originelle qui a autorisé les inventeurs des systêmes presbytéraux à établir la croyance en leurs prétendues missions. *Voyez* PRESBYTÉRALISME, CHIMÈRE, CROIRE, CULTE, FACTION, FANATISME, FOI, HYPOCRISIE, IGNORANCE, IMITATION, POPULACE, PRÊTRISE, SOPHISME, RÉVÉLATION, RÉVOLUTION, TERREUR.

PRÉTEXTE. — Le *prétexte* est au motif ce que le masque est au visage. L'homme réellement animé par de bons principes, conforme sa conduite aux principes qu'il professe. Celui à qui les principes ne servent que de *prétexte*, les contrarie ; et quelque fin qu'il puisse

être, son intention le trahit par le fait : cependant cela n'empêche point que les factieux
n'aient des succès par-tout où il y a de la populace; mais il y a nécessairement de la populace en tout pays où il y a de l'aristocratie.
Voyez CAUSE, FACTION, IGNORANCE, POPU-
LACE, PRÉJUGÉ, SOPHISME, SUPERSTITION,
THÉORIE.

PRÊTRISE. — Pouvoir qui s'est produit
par l'imposture, et qui se maintient en perpétuant l'ignorance, la superstition et les malheurs que l'ignorance et la superstition nécessitent.

Pendant notre révolution, quelques hommes
n'ont fait valoir le prétendu *caractère de prêtre*, la prétendue *prêtrise*, que pour en agir
en amis de l'humanité. L'*esprit de faction* les
accuse d'avoir apostasié, tandis que l'on se
faisoit *tonsurer, soudiacrer,* et *diacrer* tout
simplement, parce que l'on se trouvoit *in illo
tempore*, où, à l'aide du *rabat* et de la *ca-
lotte*, on pouvoit obtenir un, même plusieurs
bénéfices. Ne pas convenir qu'il étoit indiffé-
rent à l'état que ce fût *Polycarpe* ou *Pancrace*
qui jouisse d'un revenu que le clergé devoit
dévorer, c'est montrer de l'humeur; nier que
celui qui, à présent encore, zeut se faire passer

celui qui, à présent encore, veut se faire passer pour *prêtre*, n'est pas un homme méchant ou un homme mal-avisé, c'est montrer un esprit faux.

La *prêtrise* n'ayant d'essence que par les
moyens d'attacher le peuple au joug du prestige, les prêtres et leurs partisans ne peuvent s'abstenir des contradictions les plus
absurdes, et ils emploient le mot *religion*
pour donner à leurs dupes le change sur le
motif de l'invention des mystères, ainsi que
sur l'origine des croyances, des sectes et de
leurs cultes. Qu'en est-il résulté? Il n'y a plus
guères de Français assez *Velches* pour croire
aux paroles des prêtres; mais plusieurs sont
encore assez mal appris pour s'imaginer que
le *presbytéralisme*, la *doctrine double*, *l'hypocrisie*, sont choses très-salutaires.

La *morale, la science de l'intérêt du genre
humain*, pour établir son pouvoir, pour attacher les hommes aux lois divines et humaines,
les conduit tous à la connoissance de la vérité; il faut donc qu'elle les guérisse de la
manie de croire au besoin des *prêtres*. *Voyez*
Civilisation, Garantie, Morale, Philosophie, Système social, Unité d'action.

Q

PRÉVARICATION. — *Trahison faite à la cause, à l'intérêt des personnes qu'on est obligé de soutenir; manquement par mauvaise foi contre le devoir de sa charge, contre les obligations de son ministère* (*). *Voyez* GOUVERNEMENT, SYSTÊME SOCIAL, VOEU INTENTIONNEL, VOEU MATÉRIEL.

PRINCIPES. — Les *principes* sont les corollaires, les conséquences d'une ou de plusieurs vérités fondamentales.

Pour arriver, le plus près possible, à la connoissance des vérités fondamentales, et en obtenir les résultats les plus avantageux à l'humanité, il s'agit d'amasser des faits, de les classer selon l'ordre le plus naturel, de les réduire ensuite à un certain nombre de faits essentiels, et de les présenter avec une méthode qui donne à la vérité tous les caractères de l'évidence.

C'est ainsi que l'esprit capable de saisir le total des expériences et des raisonnemens qu'a exigé la découverte de la vérité, est en même tems devenu capable d'établir des *principes;* et c'est ainsi que les philosophes parviennent

---

(*) Dictionnaire de l'Académie française.

à rendre intelligibles et familières au peuple lui-même, les notions qui intéressent son existence et son bonheur.

A mesure que les études politiques et morales se cultiveront, le public apprendra combien il lui importe de ne pas attacher le sens du mot *principe* aux lois, aux règles et aux formes, qui, ainsi que tous les moyens d'utilité, de sûreté et de prospérité, peuvent et doivent être modifiées selon une disposition des esprits plus ou moins heureuse.

Et même il appartient aux législateurs et aux gouvernans à subordonner dans l'occurrence les principes secondaires ou conditionnels à l'INDICATION VITALE (*), à la vérité, sans laquelle le pouvoir moral ne peut se réaliser.

(*) L'événement du *18 fructidor*, an 5; le décret du *22 floréal*, an 9; et les succès si heureusement décisifs du *18 brumaire*, an 8, sont des exemples.

Le lecteur ne désapprouvera point qu'en citant le *18 fructidor*, je fasse quelques remarques sur sa cause et sur ses résultats.

Bien que le conseil des cinq-cents annonçât l'intention de faire cesser les dilapidations, il n'en favorisoit pas moins ouvertement toutes les manœuvres contre-révolutionnaires.

Le procès-verbal des séances attestera toujours que la

Q 2

Cette vérité fondamentale la voici : *Chaque homme, si sa raison est cultivée et si celle de ses concitoyens l'est aussi, offre à la société une responsabilité complète. Voyez* Voeu intentionnel, Voeu matériel.

PROPRIÉTÉ. — La *propriété* est matérielle ou facultative. La *propriété matérielle* est un *avoir soit territorial, soit mobilier* légitimement acquis. La *propriété facultative* est inhérente à

---

plupart des orateurs furent excessivement mal-avisés et scandaleux.

Sans doute, *les trois directeurs* qui résolurent le *18 fructidor* étoient des hommes incapables de bien gouverner; mais, en cette occasion, l'intérêt personnel leur a fait prendre le bon parti; il falloit un *18 fructidor,* ou laisser arriver la guerre civile.

Les trois directeurs ont expulsé des hommes d'un vrai mérite, en les confondant avec des hommes mal-intentionnés; et ensuite ils ont, avec leurs nouveaux collègues, et avec la plus extrême effronterie, conduit la France vers sa ruine.

Mais la cause du *18 fructidor* et des malheurs qui le suivirent, appartient à messieurs de la majorité du conseil des cinq-cents; chaque jour en protégeant tous les réacteurs, ils avoient provoqué à la guerre civile. Messieurs de la majorité du conseil des cinq-cents avoient poussé leur démence jusqu'à reprocher à Bonaparte des victoires nécessaires pour forcer l'ennemi à la paix.

l'organisation de l'homme; elle consiste dans le droit de faire valoir les *facultés intel-lectuelles, sensitives et mécaniques* au plus grand avantage du *propriétaire*, tout comme la *propriété matérielle* donne au propriétaire le droit d'en disposer de la manière la plus conforme à son intérêt.

La *propriété facultative* est la plus précieuse; car non-seulement elle est inhérente à nos organes mêmes; mais ce n'est que par elle que nous savons faire le meilleur usage de la *propriété matérielle* et la rendre inviolable.

Par-tout où l'aristocratisme ne contrariera plus la perfectibilité humaine, la *propriété facultative* offrira à la société une responsabilité complète : car tout homme qui est bien organisé, tout homme doué de facultés sensitives, intellectuelles et mécaniques, pourvu qu'il sache bien entendre son intérêt, et qu'il jouisse du droit de s'y conformer, possède la *propriété* qui est essentielle pour répondre de son obéissance aux lois protectrices de toutes les *propriétés*.

Mais là où le respect des *propriétés facultatives* est violé, celui des *propriétés matérielles* n'est que précaire : ainsi vous qui êtes riches en *propriétés matérielles*, quand une fois vous aurez acquis une connoissance exacte de votre intérêt, vous obéirez aux principes du systême social; vous sentirez que, pour faire respecter vos *personnes* et vos *autres propriétés,* vous devez aux individus qui ne possèdent que les facultés inhérentes à leur organisation, une garantie contre l'oppression; vous sentirez que vous devez au peuple en masse cette instruction claire et précise qui lui fasse connoître ses droits, et qui par là même lui fera concevoir le motif de ses devoirs; motif, le seul qui puisse assurer aux *propriétés* de tout genre un respect unanime et permanent.

Gouvernans ou gouvernés, riches ou pauvres, nous serons les uns et les autres exposés au mépris de nous-mêmes, aux tribulations, aux calamités, jusqu'à ce que nous nous assurions la jouissance de la *propriété* la plus importante, la PLEINE RAISON.

Ce n'est que chez une nation assez éclairée pour connoître le vœu de la nature, assez sage pour y obéir, et assez puissante, soit par elle-même, soit par ses alliés, pour n'avoir pas d'invasion à souffrir, que toutes les *propriétés* sont à l'abri du brigandage des gouvernans et des fripons subalternes.

C'étoit afin d'avoir une occasion non interrompue de s'attribuer les *propriétés maté-*

rielles, que les prêtres et les gentilshommes empêchoient le peuple de faire valoir sa propriété essentielle, la RAISON.

Mais les prêtres, ainsi que les autres factieux et intrigans, sont à user leur dernier stratagême. Afin de déterminer une révolte, et, à son occasion, d'attirer sur la *France* tant de fléaux, qu'elle n'auroit plus qu'à se prosterner devant l'*autel* et le *trône*, ils emploient des *Babœufs* pour crier à la multitude que les *propriétés matérielles* n'existent que par abus (*) : mais le peuple Français est assez avancé pour savoir lui - même se démontrer qu'aucune société ne peut subsister sans *propriétés territoriales et mobiliaires* : car les propriétés facultatives ne serviroient plus à pourvoir aux besoins de l'homme ; ses droits seroient sans base, ses devoirs sans motif ; par conséquent la société seroit sans ordre et sans moyen (**). *Voyez* INSTINCT, INTÉRÊT, NATURE, SYSTÊME SOCIAL. *Voyez* vol. V, RÉSULTATS DE L'INSTRUCTION, page 118 et suivantes.

PROVIDENCE. — *Voyez* CIVILISATION.

(*) *Voyez* trois volumes intitulés : *Pièces saisies dans le local que* Babœuf *occupoit lors de son arrestation.*

(**) Article fait en l'an 5.

4

PYRRHONISME. — C'est l'affectation de douter de tout.

Le doute est le commencement de la sagesse; mais la sagesse invite à la recherche de la vérité; et quand la certitude est acquise, l'affectation du doute décèle l'orgueil, ainsi que la mauvaise foi, conséquemment elle attire le ridicule et le mépris.

RAISON. — Faculté que DIEU nous donne pour connoître *nos droits et nos devoirs,* et conformer nos pensées et nos actions à nos intérêts. *Voyez* CONSCIENCE, INSTRUCTION, INTÉRÊT, MORALE, NATURE.

RAISONNEMENT. — Il consiste en un art d'arranger des *énoncés,* soit à l'effet de substituer l'évidence à l'opinion, soit à l'effet d'en imposer. Pour faire un *raisonnement* exact, il faut avoir une connoissance entière de tous les objets qui concernent la vérité à trouver. *Voyez* NATURE, MÉTAPHYSIQUE, PHILOSOPHIE.

RÉALITÉ. — C'est l'existence démontrée.

RÉGÉNÉRATION. — Le pouvoir moral n'ayant encore existé chez aucune nation, c'est se servir d'une expression inexacte, que de dire *régénérer une nation. Voyez* Intérêt, Vertu.

RELATIONS EXTÉRIEURES. — La minorité, les passions, l'imbécillité d'un monarque, l'ambition des maîtresses, ainsi que celle des favoris, étant écartées, les *relations* commerciales et politiques de la France avec les autres états souverains prendront une stabilité qui influera heureusement sur sa destinée et sur la leur.

La politique d'une nation, qui ne reconnoît d'autre autorité que celle des lois absolument conformes aux principes du système social, loin de contrarier les intérêts du genre humain, cherche à les faire valoir. Nécessairement, et à mesure que l'esprit public s'avancera chez les peuples civilisés, cette nation obtiendra leur estime et leur confiance.

RELIGION. — *Religion* vient de *religare*; *religare* signifie *rattacher*. *Religion* signifie donc *attachement* et *rattachement*.

L'*attachement* à Dieu et à nos devoirs, ou le *rattachement* (lorsqu'après avoir eu le malheur d'oublier Dieu et nos devoirs, nous retournons à eux) suppose et exige l'usage de la pleine raison; car ce n'est que par la pleine raison que s'assure le bon ordre, le respect de toutes les propriétés.

Les prêtres, les privilégiés et tous les intrigans font servir le mot *religion* à deux interprétations qui répugnent entr'elles; car les prêtres et tous les aristocrates ont besoin d'intervertir les notions sur les vrais moyens d'établir le respect de toutes les propriétés.

Ce n'est point pour nous attacher à Dieu et à nos devoirs que les privilégiés, les maltôtiers, les gens de robe, les gentilshommes, quelle que soit la croyance ou la secte qu'ils affichent, crient avec le clergé, qu'*il faut une religion, un culte dans un état;* mais c'est pour ramener les ténèbres et la terreur, sans lesquelles leurs prétentions, leur autorité et les revenus qui s'ensuivoient, ne se rétabliront point.

Les prêtres et leurs apologistes sont forcés à commencer par exiger la foi, par exiger la croyance sur parole, par faire des abstractions sacriléges.

Les intérêts des aristocrates étant opposés à ceux de la majorité de la nation, conséquemment à l'état, les aristocrates ont besoin de masquer leur intention; ils ont besoin d'un mot qu'ils puissent faire servir à une double

entente : le mot *religion* est celui qu'ils emploient pour cacher la perfidie et la turpitude
de leur dessein, sous le prétexte du salut des
individus et du bien de l'état. Avec le mot
religion ils épouvantoient, et essayent encore
d'épouvanter le peuple, pour le forcer, sous
peine d'enfer, à croire que Dieu ordonne
au peuple de fuir l'évidence, d'être stupide
et superstitieux. Le système des prêtres et
des privilégiés, est le superlatif de l'impiété
et du *terrorisme*.

Mais aujourd'hui le peuple n'ignore plus
que le mot *religion* employé dans le sens
presbytéral, a donné la rage au genre humain, qu'il a fait trembler les rois, qu'il en
a fait assassiner, et qu'il a forcé le genre
humain à se massacrer lui-même.

Certes, nous voulons une *religion*, un attachement dans un état. Sans l'attachement
aux devoirs que dictent la raison et les lois
de l'état, l'état ne peut subsister ; conséquemment il ne peut nous protéger ; mais
nous savons que, selon l'*Église*, le mot religion signifie *attachement aux prêtres*, *attachement aux préjugés*, *aux croyances et
aux cultes presbytéraux*, sans lesquels l'a-
ristocratie s'écroule.

L'intérêt de l'*Église* et celui de l'état, sont directement opposés l'un à l'autre ; conséquemment le systême *presbytéral* ; le systême de l'*Église* est incompatible avec la *bonne religion*, avec *la religion* qui est l'attachement à Dieu et à nos devoirs, l'*attachement* aux lois divines et humaines.

La vraie *religion* ne se fonde point sur ce que les fourbes et les sots appellent une *révélation*; mais la *bonne religion* a la vérité pour base; car elle a le perfectionnement des facultés de l'homme pour objet, sa perfectibilité pour moyen, et conséquemment l'intérêt bien entendu, l'intérêt du genre humain pour motif. *Voyez* CIVILISATION, CULTE DIVIN, CULTES PRESBYTÉRAUX.

RÉPUBLIQUE. — L'intérêt de tous les individus qui composent une nation, exige-t-il que la multitude elle-même gouverne; ou que le pouvoir souverain soit exercé par plusieurs chefs; ou est-ce chez un peuple qui n'a qu'un chef, que peut se produire et se perpétuer le mode de gouverner absolument conforme à l'intérêt de tous les associés au pacte social?

Sans l'instruction nationale ; sans l'instruction qui empêchera l'universalité des individus d'une nation d'admettre comme vrai ce qui répugne à la raison; qui, en même tems, les convaincra que le motif de leurs devoirs se fonde sur la certitude de faire valoir toutes leurs facultés à leur plus grand avantage; en un mot, sans la communication franche et complète du système social, point de communauté de principes, point d'unité d'intérêt; conséquemment point de *république*.

Les nations ayant été forcées à ignorer que leur premier intérêt consiste à procurer *à l'homme la liberté de faire un bon usage des facultés inhérentes à son organisation;* les nations, quelle qu'ait été la dénomination que leurs gouvernemens affichassent, devoient demeurer soumises à des influences sinistres.

Quoique les institutions, la communauté des principes, l'unité d'action, l'ensemble des lois, que la *République, l'intérêt de tous* exige, n'aient jamais existé, leur existence n'est pas impossible; car aujourd'hui il n'y a plus de lacune dans le système social.

Je dis plus : tous les principes du système social étant trouvés, ils se communiqueront, et en vertu de leur communication, l'esprit humain fera nécessairement tous les progrès desirables pour réaliser le *pouvoir moral*, pour réaliser ce mode de gouverner, qui sera *ré-*

publicain, ce mode de gouverner qui *obligera et les législateurs et les gouvernans à se conformer aux intérêts des gouvernés.*

Et la *nation* étant assurée que ses législateurs et ses gouvernans sont et seront forcés à lui être constamment fidèles, le moteur universel, l'intérêt personnel lui-même, donnera au *républicanisme*, au *motif des devoirs du citoyen* une énergie irrésistible.

C'est donc, je le répète, par l'instruction nationale que *les législateurs, les gouvernans et les gouvernés* obtiendront la connoissance et la garantie de leurs devoirs réciproques ; que la nation s'assurera le plein exercice et la pleine jouissance de la souveraineté ; que conséquemment elle se procurera la garantie de tous ses droits, de tous ses intérêts.

Je le répète, il est de l'essence de l'instruction nationale de démontrer et aux législateurs, et aux gouvernans, et aux gouvernés, qu'une nation qui cultive, qui de plus en plus fait valoir sa propriété la plus importante, la *raison publique,* maintient son indépendance ; que, par cela même, elle parvient à établir ce bon ordre, cette économie, cet esprit de sagesse par lesquels toutes les propriétés et tous les pouvoirs légitimes obtiennent l'inviolabilité, et par lesquels l'état s'élève à une

prospérité réelle et inaltérable. *Voyez* Contrat social, Garantie, Gouvernement,
Instruction, Intérêt, Nature, Perfectibilité, Principe, Propriété, Système social, Unité d'action, Voeu intentionnel,
Voeu matériel.

RESPONSABILITÉ. — Les nations sont
exposées à être baffouées par les personnages
qui les gouvernent, jusqu'à ce qu'elles acquièrent des connoissances exactes sur leur
intérêt et sur les moyens de le défendre : mais
les Français réaliseront l'instruction nationale;
conséquemment ils sauront imposer à leurs
gouvernans, ainsi qu'à tous leurs fonctionnaires, une responsabilité légale et effective.
Voyez Citoyen, Instruction, Intérêt, Nature, Système social.

RÉVÉLATION. — Ce mot vient de *reve-
lare*, qui veut dire *dévoiler, découvrir, manifester.*

A quoi bon une *révélation*, à moins que
ce ne fût pour clairement, solemnellement et
universellement instruire de *la chose à révéler* ceux qu'elle devoit intéresser ? En ce
cas, la *révélation* ne devoit présenter aucun
des caractères qui l'entachassent du soupçon

de fourberies ; elle ne se seroit donc pas faite à un seul homme, mais à-la-fois à tout le genre humain. *Voyez* PRESTIGE, POPULACE, SOPHISME, SYSTÊME DE MENSONGE.

RÉVOLUTION. — Jusques vers la fin du XVIIIe. siècle, les nations connoissoient si peu en quoi consiste l'intérêt du genre humain, que les chefs de faction ne manquèrent jamais de prétexte pour provoquer et décider les hommes en masse à se haïr et à s'exterminer les uns les autres.

Le résultat final de ces dévastations, de ces massacres n'étoit autre que le triomphe de telle ou telle faction sur d'autres factions ; car les peuples, afin qu'ils demeurassent sous le joug, devoient demeurer ignorans, superstitieux, crapuleux. L'univers sembloit appartenir à quelques personnages surnommés *Sainteté, Majesté, Altesse,* etc. etc. ; ce que l'on appeloit *révolution* n'étoit réellement qu'une substitution d'un parti factieux à un autre parti factieux : car il n'y a de gouvernement légitime que celui qui se conforme aux intérêts des gouvernés.

Mais, de nos jours, les *révolutions* acquièrent un caractère absolument nouveau. La révolution *Anglo-Américaine* et la révolution *Française*

Française démontrent à tous les peuples policés, 1°. que *de droit* une nation n'appartient
qu'à elle-même ; 2°. qu'une nation forte et de
sa population et de ses principes et de ses armes, *établit et maintient son droit par le fait.*

Les états politiques et les propriétés indivi-
duelles seront exposés à tous les fléaux qu'occasionnent les *révolutions* et les *contre-révo-
lutions*, jusqu'à ce que l'ESPRIT PUBLIC, l'ES-
PRIT qui émane de la vérité et qui agit par
l'évidence, ait entièrement affranchi les peuples de l'ignorance et de la superstition ; jusqu'à ce que leur acte constitutionnel soit fondé
sur des principes immuables ; jusqu'à ce que
leur acte constitutionnel soit, sous tous les
rapports, évidemment conforme à leur intérêt. *Voyez* ARBITRAIRE, CONSPIRATION, CONS-
TITUTION, DROIT, ESPRIT PUBLIC, FACTION,
GARANTIE, GOUVERNEMENT, IGNORANCE, LI-
BERTÉ, MORALE, NATURE, NÉCESSITÉ, PATRIE,
PRÉTEXTE, PRINCIPE, THÉORIE, UNITÉ D'AC-
TION.

RICHESSES. — *Voyez* INTÉRÊT, NATURE,
PROPRIÉTÉ, SYSTÈME SOCIAL. *Voyez* RÉSUL-
TATS DE L'INSTRUCTION, vol. V. *Voyez* NOTICE
DES ÉCRITS SUR L'ÉCONOMIE, SUR LA POLITIQUE
ET SUR LA MORALE.

R

ROI. — Les vices et les calamités qu'engendre le *systême de mensonge* poursuivoient particulièrement les *rois*. Presque tous ils étoient si malheureux, qu'ils se croyoient forcés à empêcher le peuple d'écouter la raison, et qu'eux-mêmes ils n'osoient point la cultiver.

Ils étoient à plaindre ces *rois* qui avoient à régner avant la découverte de l'*imprimerie*; ils étoient encore à plaindre ceux qui ne savoient pas profiter de cette découverte en faveur de l'humanité.

Les *rois* qui seront bien inspirés, feront des réflexions suivies de réformes, au moyen desquelles le *systême de vérité* succède paisiblement au *systême de mensonge*; ils s'initieront et se perfectionneront dans la science du gouvernement; ils se procureront des jouissances qui leur étoient inconnues, les jouissances les plus délicieuses, celles de l'esprit et du cœur; ils béniront la nécessité, qui les aura transformés en *hommes*, et en *hommes* d'un vrai mérite; en *hommes* capables de remplir les devoirs qu'impose la royauté; en *hommes* capables et de contribuer au perfectionnement du genre humain, et de faire valoir les propriétés facultatives, ainsi que les propriétés matérielles au plus grand avantage des nations (*).

SACRE. — *Voyez* Résultats de l'instruction, vol. V.

SCANDALE. — *Voyez* Catéchisme, Cultes presbytéraux, Doctrine double, Hypocrisie, Idolatrie, Système de mensonge.

SECRET. — Avoir un *secret*, c'est laisser ignorer un projet, un événement ou un procédé. Il peut être utile, même très-important de garder un *secret*; mais les prêtres, les privilégiés, tous les charlatans, tous les fripons, ont besoin de dupes; ils doivent donc mettre en avant quelque prétexte pour donner le change sur leur intention.

Aujourd'hui, en France, le *secret de l'Eglise*, le *secret de l'aristocratie* a le sort de celui d'*Arlequin*; les enfans se le disent.

SECTE. — L'opposé du mot *secte*, c'est le mot *universalité*.

Tous les peuples reconnoissent un Dieu; voilà *l'universalité*. Les uns croient en Moïse,

___

(*) Article fait en l'an 3.

R 2

les autres en Brama, en Visnou, en Jésus, ou en Mahomet; voilà les sectes. *Voyez* Religion.

SÉMINAIRES. — Les *séminaires* catholiques sont des écoles où le novice apprend et s'engage à préférer l'Eglise à la patrie; où il se familiarise nécessairement avec les sophismes et avec l'hypocrisie : mais les sophismes et l'hypocrisie sont une préparation à tous les crimes. *Voyez* Cultes presbytéraux. *Voyez* Précis historique pour servir a l'étude de la politique et de la morale, vol. II et suiv.

SENS. — Nos organes et les objets externes occasionnent, même ils nécessitent des sensations; de là l'instinct, la perception, l'imagination, la mémoire, le jugement, le plaisir, la douleur, les goûts, les passions, les besoins réels ou factices, vrais ou faux, salutaires ou pernicieux. *Voyez* Conscience, Faculté, Illusion, Instinct, Intérêt, Nature, Pouvoir, Sensations, Sensibilité, Sentiment, Vertu.

SENSATIONS. — Les *sensations* sont les résultats de la faculté de sentir et d'une impression dont les causes existent en nous seulement, ou en même tems hors de nous.

SENSIBILITÉ. — La faculté de sentir nous est donnée pour veiller à notre conservation, pour faire valoir notre perfectibilité et pour nous faire acquérir un sentiment infaillible qui nous avertisse du bien et du mal; mais l'ignorance, la superstition et les habitudes vicieuses rendent la conscience, rendent le sentiment des pensées et des actions équivoque et même perfide. *Voyez* CONSCIENCE, NATURE, VERTU.

SENTIMENT. — C'est le résultat de *l'organisme* au moyen duquel les sensations sont suivies de mémoire, d'imagination et de jugement, et au moyen duquel l'imagination, la mémoire et le jugement peuvent réagir sur les sensations. L'organisme au moyen duquel ces divers effets s'opèrent, s'appelle le *sens interne*.

SERMENT. — A-t-il jamais été fait un serment qui ne fût ou inutile, ou criminel?

SOCIAL. — C'est ce qui est conforme aux intérêts de la *société*, et la *société* est une agrégation d'un plus ou moins grand nombre d'individus sous la loi d'un intérêt commun, ou supposé tel. *Voyez* NATURE, PHILOSOPHIE, SYSTÈME SOCIAL.

3

SOCIÉTÉS POLITIQUES. — Chez un peuple qui ignore les moyens de s'assurer son intérêt, les *sociétés politiques* servent d'instrumens aux factieux. Sans doute elles pourront achever la ruine d'un système caduc ; mais elles n'y feront point succéder un meilleur ordre de choses.

Il faudra donc que l'un des factieux parvienne à une assez grande puissance, soit pour écarter, soit pour contenir les autres factieux, ou que les connoissances acquises en politique et en morale avancent assez l'esprit de la nation pour établir chez elle un gouvernement qui soit le plus avantageux à tous les individus dont la nation se compose.

Jusqu'à nos jours, les hommes les plus exercés dans la science du gouvernement n'avoient eux-mêmes que des idées incomplètes du système social ; de là l'impossibilité de résoudre les questions les plus importantes ; de là l'hésitation dans le choix des moyens législatifs et exécutifs ; de là les obstacles qui, selon le desir des ambitieux scélérats, devoient à jamais empêcher le genre humain de se constituer dans sa prérogative fondamentale, la PLEINE JOUISSANCE DE LA RAISON.

Aujourd'hui il n'y a plus de lacune dans le

système social; aujourd'hui il est démontré que ce n'est point sur un vice inhérent à l'organisation de l'homme; mais que c'est uniquement sur le crédit des hypocrites que s'appuient l'opposition à l'UNITÉ DE L'INTÉRÊT POLITIQUE, conséquemment l'opposition au POUVOIR MORAL.

Aujourd'hui il est possible, il est donc indispensable de guérir la nation Française de tous ses préjugés anti-sociaux, et de lui communiquer l'instruction dont chaque Français a besoin pour devenir citoyen, pour devenir capable de respecter et de faire respecter toutes les propriétés; conséquemment de respecter et de faire respecter les *propriétés inhérentes à l'organisation de l'homme.*

Sans le respect des propriétés inhérentes à l'organisation de l'homme, les autres propriétés n'auront jamais qu'une protection précaire, périlleuse, cruelle, monstrueuse, qu'une protection dérivant de l'imposture, de l'injustice, de la férocité.

Mais dès que les propriétés inhérentes à l'organisation de l'homme seront réellement respectées, le motif de la garantie des propriétés territoriales et mobiliaires se perpétuera par la cause même qui l'aura établi. Oui, par

4

cela même que les propriétés inhérentes à l'organisation de l'homme seront respectées, le genre humain sera forcé d'avoir la conscience de ses facultés et de son véritable intérêt; il cessera donc d'être imbécille et vicieux; il cessera d'être l'ennemi de lui-même; car il cessera d'être susceptible, soit de fanatisme, soit de terrorisme : mais il sentira et saura se démontrer les avantages de l'inégalité des fortunes, et à plus forte raison, l'importance du respect des propriétés.

Voilà pourquoi le système social répugne au prestige; voilà pourquoi il est de son essence de se présenter et dans son intégralité, et aux nations elles-mêmes; voilà pourquoi les peuples qui auront appris que *chaque homme, pourvu que sa raison soit cultivée, et que celle de ses concitoyens le soit aussi, offre à la société une responsabilité complète*, sauront fonder leur acte constitutionnel sur son vrai motif, sur l'intérêt du genre humain, et un tel acte constitutionnel sera le contrat social lui-même.

Cependant, si l'instruction nationale n'avoit à s'avancer qu'à l'aide du tems, elle ne se feroit qu'avec une lenteur infiniment préjudiciable à l'humanité; mais les hommes auxquels les intérêts de la nation Française sont actuellement confiés (*) savent et veulent employer les moyens les plus efficaces pour accélérer la communication des principes du système social.

Tous les Français apprendront à n'attribuer leurs adversités qu'à leur inconséquence; ils apprendront que prétendre encore que l'imposture, l'injustice, l'insolence et la violence garantissent le respect des propriétés, ce seroit recourir à un expédient essentiellement contraire à l'intention; à un expédient qui a toujours été dangereux, et qui, à des époques plus ou moins rapprochées, ameneroit encore les plus horribles catastrophes.

Les riches ne méconnoissant plus leur intérêt capital, mais respectant et cultivant eux-mêmes la propriété fondamentale, la RAISON; accédant au vœu de la nature et de la sagesse; se conformant aux devoirs de la fraternité humaine; obéissant à DIEU et à son commandement, *Ne faites pas à autrui ce que vous ne voulez pas qu'il vous soit fait,* cesseront de se concerter entr'eux pour en imposer au peuple : car ils auront conçu que ni leurs personnes, ni leurs autres propriétés n'auront qu'une garantie factice, incertaine, périlleuse,

____

(*) 20 brumaire an 8.

jusqu'à ce que le respect des propriétés soit fondé sur sa base naturelle, sur son vrai motif; motif dont la réalité peut et doit se démontrer à tous les esprits.

Et l'instruction des hommes riches en bien territoriaux et mobiliers opérera celle du peuple en masse, celle des hommes dont la plupart ne possèdent que les propriétés inhérentes à leur organisation : car le raisonnement, d'accord avec le bon exemple, aura bientôt convaincu les hommes possédant les facultés inhérentes à leur organisation pour toute propriété, qu'il importe à tous leurs intérêts *de ne jamais admettre comme vrai ce qui répugne à la raison.*

Une instruction aussi franche et fraternelle, aussi nette et laconique, les certifiera qu'entre tous les Français il y a unité de principes, conséquemment unité de l'intérêt politique ; conséquemment aussi ils rempliront avec confiance les *devoirs de l'homme;* car ils seront convaincus que par-là même ils s'assureront la jouissance de *ses droits.*

Ce ne sera qu'avec une aussi heureuse disposition des esprits, que les *sociétés politiques* rempliront l'objet qu'elles doivent se proposer. Elles se borneront à surveiller; mais elles surveilleront avec succès les administrations et générales et locales. *Voyez* Citoyen, Civilisation, Intérêt, Pouvoir-moral, Système social, Voeu intentionnel, Voeu matériel.

SOPHISME. — Raisonnement captieux. Les hommes qui font des *sophismes* ont l'esprit faux ou le cœur pervers; et l'un de ces vices conduit à l'autre.

Le *sophisme* le plus fétide est celui que font les prêtres, quand ils voient clairement qu'on refuse leur *drogue*.

Ils disent : *Quoique ce que nous vous proposons choque la raison, cependant il faut le croire : en le croyant, vous ne risquez rien; mais si vous ne le croyez pas, vous risquez de vous damner pour l'éternité.* Nous dirons d'abord que le genre humain, pour avoir cru ce qui choque la raison, a non-seulement risqué et jusqu'à présent perdu les avantages que le bon-sens lui eût procurés, mais qu'il s'est attiré les *guerres* dites de *religion*, et une infinité d'autres fléaux. Nous dirons ensuite que plusieurs personnages se sont présentés en qualité de *fils*, de *confidens*, d'*envoyés* de Dieu; que les uns ont traité les autres de menteurs : apostrophes que leurs sectaires continuent à s'adresser réciproquement. Nous dirons aussi que les prêtres de toutes les sectes sont des imbécilles ou des fripons : des imbécilles, s'ils croient que, pour ne pas se damner, il faut renoncer à la raison ; des fripons, s'ils veulent faire accroire aux autres ce qu'ils ne croient pas eux-mêmes. La vie des papes, des cardinaux, des évêques, des grands-vicaires, et toute l'histoire ecclé-siastique, décident la question.

Un peuple ne parviendra à se faire gouverner conformément à son intérêt, qu'après qu'il saura punir de son animadversion les législateurs et les gouvernans assez insolens, ou encore assez mal appris pour faire des *sophismes*.

SOUVERAIN. — La *souveraineté* appartient au peuple ; car le peuple existe par lui-même, et en lui réside cette puissance sans laquelle toute autre puissance s'affaisse et s'anéantit. Cependant, jusqu'à ce qu'un peuple ait cessé d'être ignorant et superstitieux, qu'il ait trouvé les lois *conformes au vœu de la nature, conformes aux facultés et aux besoins de l'homme*, conformes aux principes du système social, il ne peut qu'être la proie d'un ou de plusieurs brigands, puisque l'autorité qui veut gouverner un peuple superstitieux,

est forcée à exercer elle-même et à tolérer le
brigandage. *Voyez* Civilisation, Droit public, Élection, Instruction, Système social.

SUPERSTITION. — Etat ignominieux et
cause de toutes les ignominies. L'abus de l'autorité et le mauvais exemple entretiennent la
masse des hommes dans la *superstition*.

Le *presbytéralisme* est si virulent, si délé-
tère, qu'il corrompt et consume tout ce qui
ne peut se soustraire à son atteinte. En exigeant des peuples une abnégation solemnelle
du bon sens, non-seulement le *presbytéralisme* les a retenus pendant des siècles dans
l'avilissement, mais il a réduit les potentats à
la bassesse de respecter et de faire respecter
les préjugés les plus absurdes et les plus funestes.

Spéculer sur l'abrutissement des nations, et
prendre cet abrutissement pour base de leurs
calculs, rendoit les rois eux-mêmes vils et malheureux, tandis que le perfectionnement de
l'esprit humain et l'amélioration du sort des
peuples va procurer à tous égards de vrais
avantages aux rois qui sauront les mériter; et
d'abord il faudra qu'ils acquièrent une valeur
personnelle, et de l'instruction et des talens.

La justesse de l'esprit et l'élévation des sentimens leur assureront l'estime d'eux-mêmes,
et d'autres jouissances les plus délicieuses dont
le besoin, qu'ils croyoient avoir de tromper le
peuple, les avoit privés. *Voyez* IGNORANCE,
POPULACE, RÉVÉLATION.

SYSTÊME. — C'est un assemblage de propositions ayant un même objet.

Nos ancêtres, en cherchant à sortir de l'i-
gnorance originelle, ne pouvoient s'empêcher
d'admettre des propositions dont la vérité n'é-
toit point démontrée. De plus, il devoit arriver que des esprits impatiens et faux aimas-
sent mieux céder aux écarts de leur impétueuse
imagination, que d'employer leurs talens à
recueillir des faits, à les examiner sous tous
les rapports possibles, et à n'en tirer des inductions qu'avec assez de réserve pour ne
point entraîner en de nouvelles erreurs, et ne
point transformer l'ignorance en ce qu'il y a
de pire, en un *faux savoir :* mais c'est le
systême féodo-presbytéral qui, ne s'appuyant
en son entier que sur le *mensonge,* a donné
aux esprits une direction absolument inverse
au vœu de la nature, une direction tendante
à empêcher leur application à *l'étude des facultés et des besoins de l'homme.*

Aussi, jusqu'à notre siècle, de prétendues sciences appelées *astrologie*, *chiromancie*, *magie*, etc. ont généralement occupé toutes les têtes, et il n'y avoit point de moyens à la faveur desquels les fripons pussent en imposer plus à leur aise, pussent se faire passer pour capables en affaires, et sur-tout en affaires de gouvernement, qu'avec du galimatias et de l'effronterie.

Nous n'avons plus à nous tenir en garde contre la contagion des *systêmes* auxquels il seroit trop honteux de tenir aujourd'hui : mais nous ne pouvons nous représenter trop souvent combien il y a de facilité et de danger à abuser de deux moyens, sans lesquels cependant il n'y a point en aucune science d'avancement à espérer, L'EXPÉRIENCE et le RAISONNEMENT.

Pénétrons-nous d'une vérité qui ne sauroit être trop sentie; c'est qu'il faut se méfier du raisonnement, toutes les fois qu'il manque quelque renseignement sur l'affaire que pourtant il s'agit de décider.

C'est le défaut du total des renseignemens qui fait que, même en partant de l'expérience, il reste si souvent douteux que le raisonnement soit exact; car, parmi plusieurs causes qui concourent à produire un effet, le défaut de connoissance ou d'attention en un point, suffit pour enfreindre la justesse de l'induction.

N'oublions jamais que si, sans expérience, il ne peut y avoir ni art, ni science, nous ne pouvons pourtant avec une entière sécurité nous appuyer sur l'expérience, à moins que l'induction n'ait pour base la connoissance de l'ensemble des causes dont l'expérience a été l'effet, et que conséquemment nous n'ayons vu sous toutes les faces l'objet qui nous occupe.

Mais si nous amassons les faits pour les classer selon l'ordre le plus naturel, pour les réduire ensuite à un certain nombre de faits principaux, et pour les présenter avec une logique qui donne à la réalité le caractère de l'évidence, et qui annonce comme douteuses les opinions, c'est-à-dire les assertions auxquelles manque la démonstration, nous arriverons à la connoissance des vérités qui intéressent le genre humain.

SYSTÊME DE MENSONGE.—SYSTÊME DE VÉRITÉ.— Ce n'est que d'après deux modes que l'homme peut être gouverné; le
mode

mode qui s'appuie sur le mensonge, et le mode qui s'appuie sur la vérité.

Les hommes eux-mêmes se conduisent, et l'autorité les gouverne d'après le *système de mensonge*, quand ils n'ont point la connoissance de leurs droits, ni conséquemment celle du motif de leurs devoirs.

Cependant le pouvoir du mauvais exemple ne rend point tous les hommes imitateurs : il en est que l'élévation des sentimens et la justesse de l'esprit conduisent aux vérités politiques et morales; ils acquièrent le droit et le pouvoir de les communiquer aux hommes en masse; et une nation qui s'éclaire sur son intérêt, est plutôt ou plus tard, mais nécessairement portée, par les événemens mêmes, au centre des circonstances qui obligent et les gouvernés et les gouvernans à rejeter hautement des opinions devenues caduques, conséquemment à se rapprocher du *système de vérité*.

C'est ainsi que l'illusion, le prestige, le fanatisme, les préjugés et l'esprit de faction s'affoiblissent; mais L'ESPRIT PUBLIC, L'ESPRIT qui est à-la-fois le résultat et l'agent de l'évidence, s'étend sur toute la nation; il assure le triomphe à la cause de la vérité, à la cause de la raison, à la cause de tous les associés

S

au pacte social. *Voyez* Civilisation. *Voyez*
Résultats de l'instruction, vol. V.

SYSTÊME SOCIAL. — *Voyez* l'Introduction, page 15 et suiv.

TERREUR. — Jusqu'à ce qu'un peuple
soit assez instruit pour ne plus renoncer au
bon sens; jusqu'à ce qu'il ait acquis une connoissance exacte des principes du systême social, il peut être dominé par l'*idée du danger
qui abat l'esprit*. *Voyez* Faction, Opinion,
Systême de mensonge.

THÉORIE. — Elle consiste dans l'ensemble
des principes d'une science. Elle est un précis
des faits et des raisonnemens qui nous mettent en possession de toutes les connoissances
actuelles, et nous fournissent le moyen d'en
acquérir de nouvelles.

Il y a loin de l'invention d'une science à
sa perfection; car les sciences ne se perfectionnent qu'à mesure que ceux qui les cul-
tivent, parviennent à écarter les opinions et
à y substituer l'évidence. Ce n'est pas encore
tout : pour qu'une science satisfasse son ob-

jet, pour qu'elle procure des avantages à l'humanité, il ne suffit pas qu'elle ait été perfectionnée par un certain nombre d'individus; il faut que les savans puissent en rendre les résultats profitables aux hommes en masse. Faisons une application de ces remarques.

La *théorie de la* MORALE *et du* DROIT PUBLIC se cultivoit il y a vingt siècles; mais l'imprimerie manquoit : les connoissances acquises en MORALE ne se transmettoient qu'à ce petit nombre d'hommes qui méritèrent le titre de *philosophes*. Les hommes en général ignorèrent, les autres dissimulèrent que les gouvernemens s'étant accoutumés à des expédiens scandaleux, provoquoient à l'intrigue, à la fraude, à la rapine, au brigandage, environnoient le genre humain de circonstances odieuses, l'obligeoient, de génération en génération, à se familiariser avec des moyens pernicieux; que les fripons se méfiant les uns des autres, et leur nombre s'augmentant, il falloit arriver à des incertitudes, à des embarras, à des dangers réciproques qui, tôt ou tard, mais immanquablement, devoient être suivis du bouleversement des empires. *Voyez* CAUSE, CIRCONSTANCE, DOCTRINE DOUBLE, DROIT, ESPRIT PUBLIC, GOUVERNEMENT, INSTRUCTION, INTÉRÊT, NATURE, NÉCESSITÉ, PHILOSOPHIE,

Politique, Populace, Prétexte, Principe, Propriété, Religion, Système social.

Unité d'action. — Le moyen d'obtenir, soit des entreprises de l'art, soit des opérations de la nature, le plus grand succès, c'est que tous les agens concourent au même but.

Voilà pourquoi la philosophie, l'amour de la sagesse, la sagesse elle-même, s'occupe essentiellement de la *science de faire valoir les agens qui existent dans chaque individu humain, au plus grand avantage de tous.*

Cette science emploie, comme motif, l'intérêt du genre humain, et sa perfectibilité comme moyen ; cette science, c'est la politique transcendante, c'est la morale.

Sans doute, il y a de la diversité dans l'organisation des individus ; mais cette diversité ne vicie point les calculs qui ont la perfectibilité humaine pour base.

Non, ce n'est point par des causes inhérentes à l'organisation de l'homme, que le genre humain manque de l'instruction, sans laquelle il ne peut se conformer à son intérêt, sans laquelle il ne peut concevoir l'idée d'institutions qui concourent avec l'homme à faire valoir ses facultés à son plus grand avantage, et par cela même à établir le pouvoir moral, conséquemment à créer et à conserver le bonheur; mais cette instruction lui est refusée par des causes qui existent *hors de l'homme*, par des *causes politiques*; par des causes qu'établit et que perpétue l'intention d'empêcher que le genre humain n'arrive à la connoissance de soi-même : ces causes ne sont point inamovibles; elles ne sont qu'occasionnelles, elles ne sont qu'accessoires; nécessairement elles disparoîtront avec les circonstances qui les ont amenées.

Et aujourd'hui le peuple Français n'ignore plus que les égaremens et les crimes du genre humain, conséquemment les adversités et les malheurs qui en dérivent, appartiennent uniquement aux *causes politiques*.

La *cause politique* la plus abominable, c'est le presbytéralisme.

Le *presbytéralisme* n'existe que par l'imposture; donc il est ennemi de Dieu et du genre humain.

L'intérêt du genre humain, conséquemment les principes du SYSTÈME SOCIAL, conséquemment la MORALE, répugnent à toute illusion.

3

L'intérêt du genre humain exige la connoissance de la vérité; car ce n'est que par la démonstration et par la communication de la vérité, que l'unité des principes politiques peut s'établir chez tous les individus qui composent une nation.

Cependant l'unité des principes politiques produit l'unité de l'intérêt politique; et quelqu'immense qu'on suppose un peuple, *l'unité d'action politique* se réalisera chez lui par l'intérêt commun à tous.

Au contraire, le systême inventé par l'esprit de domination, *le systême de mensonge, la doctrine double,* ne peut que produire l'opposition des intérêts; mais, et j'aime à le répéter, le peuple n'ignore plus que c'est pour l'opprimer, qu'on se donne la peine de le tromper.

La très-grande majorité des Français se refuse au prestige; elle n'a nul besoin du mensonge; elle ne veut ni tromper, ni opprimer; mais elle veut se soustraire à l'oppression.

Elle y parviendra nécessairement; car c'est en elle que résident simultanément *et l'intention de se conformer aux lois divines et humaines, et la force physique; conséquem-*

ment la *toute - puissance;* disons tout en peu de mots, le peuple sent le besoin d'obéir au POUVOIR MORAL, et le peuple existe par lui-même, tandis que ses ennemis disparoîtront avec les préjugés sur lesquels ils s'appuient.

Vous qui différez de vous mettre au niveau des connoissances acquises en politique, et de vous ranger sous la sauve-garde des principes du système social, que votre paresse d'esprit est honteuse ! que votre ignorance est cruelle envers vous-mêmes !

L'obstination de faire rétrograder l'esprit humain, ne pourroit qu'appeler de nouvelles calamités sur la France; vous en seriez justement frappés; vous n'auriez à accuser de votre infortune, que votre orgueil et votre ignorance.

Vous qui êtes riches en propriétés matérielles, faites donc valoir vos propriétés facultatives; faites valoir vos facultés intellectuelles, et vous apprendrez à rapporter les effets aux causes auxquelles ils appartiennent.

Vous vous convaincrez que *les richesses avec des préjugés, loin d'offrir une responsabilité suffisante, occasionnent, que même elles nécessitent la résistance aux lois divines et humaines.*

Vous vous convaincrez que *tout homme, si sa raison est cultivée, et si celle de ses concitoyens l'est aussi, possède la propriété la seule valable pour offrir à la société un responsabilité complète.*

Vous vous convaincrez donc que *pour procurer un respect motivé, unanime, permanent aux propriétés matérielles, aux propriétés territoriales et mobiliaires, il est indispensable de réaliser le respect des propriétés facultatives, des propriétés inhérentes à l'organisation de l'homme.*

Ces trois corollaires des lois de la nature de l'homme, constituent la base de la science de gouverner, de la science de procurer et aux hommes riches en biens matériels, et aux hommes qui ne possèdent que les propriétés inhérentes à leur organisation, la certitude que toutes les causes capables d'assurer le respect des propriétés facultatives et matérielles, co-existent.

Et la garantie étant conforme à la justice, à la morale, à Dieu ; étant fondée sur la vérité, sur l'intérêt évident et personnel de chaque associé au pacte social, sera indestructible ; elle se perpétuera par un assentiment éclairé et unanime.

Il est donc démontré que c'est en faisant valoir la perfectibilité humaine, conséquemment que c'est en substituant le systême de vérité au systême de mensonge, *et l'évidence de l'intention à la doctrine double*, qu'un gouvernement se légitime et se préserve de la caducité.

Voulez-vous vous former une idée de ce que peut opérer l'ascendant d'un seul philosophe, quand les rênes du gouvernement lui sont confiées? Méditez le GRAND-FRÉDÉRIC.

Il a toléré les *croyans* de toutes les sectes; mais il les a tolérés comme on tolère des gens affectés de la gale et d'autres maladies à-la-fois honteuses et contagieuses.

Il a manifesté son aversion contre tous les préjugés, sur-tout contre les opinions presbytérales; mais il a établi de bonnes lois; il y obéissoit lui-même, et tous y obéissoient.

Son génie lui apprit qu'il est du devoir d'un roi de faire valoir la perfectibilité du genre humain, et son génie a immortalisé le souvenir de sa vie.

Prenez garde, disent les adversaires du SYSTÊME DE VÉRITÉ : *quelquefois il faut tromper les malades, et toujours il faut avoir égard aux circonstances :* mais il est un moyen de reconnoître le caractère d'un gouvernement. Le gouvernement retarde-t-il le progrès de la civilisation? concluez que ce gouvernement lui-même n'est pas libre; ou il manque de sagacité et de bonne intention.

Comment donc faire? s'écrient les routiniers et les tartufes, et que *mettra-t-on à la place de la religion de nos pères?*

Demander *ce qu'on substituera à la religion de nos pères* (*), c'est demander ce qu'on substituera au prestige, à la superstition, à l'impiété, à l'injustice, à la tyrannie, à la terreur, au fanatisme; et pourquoi ne pas aussi demander comment, si nul homme ne vouloit plus passer pour *prêtre*, s'il n'étoit plus permis au genre humain d'être ni imbécille, ni hypocrite, on remplaceroit les crimes et les malheurs que l'imbécillité et l'hypocrisie occasionnent?

Messieurs! vous nous rappelez le proverbe : *Il n'y a pas de pire sourds que ceux qui ne*

______

(*) *Voyez* vol. V, pages 41 et 42. *Voyez* même vol. Résultats de l'instruction.

veulent pas entendre; mais il est un pouvoir irrésistible, LA NÉCESSITÉ; elle saura suppléer le bon sens et la vertu.

Les Français d'aujourd'hui ne sont plus ces *Velches* qui couroient au-devant de l'erreur. Actuellement les Français savent que les vérités politiques et morales sont toutes susceptibles d'être démontrées au peuple lui-même; conséquemment ils savent que ce qui est *opinion*, ce qui est *non évident*, ne doit plus être admis par des hommes qui ne sont ni esclaves, ni assez lâches pour mériter de le devenir.

La monarchie dite *très-Chrétienne*, avoit besoin qu'une partie des Français fût perverse, et que la presque totalité fût abrutie; et la monarchie dite *très-Chrétienne* s'est écroulée.

L'ESPRIT PUBLIC, *l'esprit qui s'appuie sur la vérité*, *l'esprit protecteur des nations*, a proclamé en France le mode de gouverner, qui est incompatible avec l'ignorance et avec les préjugés; les Français ont supporté tous les malheurs que l'opposition aux principes du système social a pu occasionner; mais les Français sont invincibles : toutes les causes capables de nationaliser le perfectionnement des facultés humaines, de nationaliser le pouvoir moral, co-existent donc en France.

Voilà pourquoi les événemens, en dépit des hypocrites, et à l'étonnement des pauvres d'esprit ou d'instruction, favorisent la France, lui apportent, lui assurent des succès décisifs.

Voilà pourquoi la France parviendra à se donner le gouvernement philosophique, le gouvernement qui caractérise la sagesse, gouvernement doué de l'*unité d'action* et de toute énergie essentielle à l'exercice de la souveraineté ; mais exempt de troubles que l'élection du premier magistrat auroit pu amener, et des inconvéniens, des malheurs que l'histoire reproche à l'hérédité du pouvoir souverain.

Et le gouvernement que la France s'est donné, influera salutairement sur les gouvernemens héréditaires.

Les rois, presque tous, étoient si malheureux, qu'ils se croyoient forcés à être les complices des prêtres, à *tuer la raison*.

Grace à la révolution Française, aujourd'hui les rois sont dispensés d'insulter la nature ; aujourd'hui les rois sont dispensés de gouverner selon le sens et au profit des exclusifs, au profit des prêtres et des autres ennemis du genre humain ; la révolution Française autorise les rois à gouverner conformément au vœu de la nature, conformément aux intérêts des nations dont ils sont les chefs; ils sont réellement rois.

Grace à la révolution Française, l'éducation des héritiers présomptifs cessera d'être nulle ou impertinente. Les *princes du sang* deviendront des hommes, des hommes capables de contribuer au perfectionnement du genre humain, et de donner la plus grande valeur aux propriétés facultatives et matérielles des peuples qu'ils auront à gouverner.

Grace à la révolution Française, les familles royales, loin d'être flétries par l'ignorance et la superstition, sentiront l'importance de la justesse de l'esprit et de l'élévation des sentimens ; et à l'avenir, quelle que puisse être la disgrace, le vice de l'organisation individuelle à l'héritier de la couronne et l'ineptie qui en dérivera, elle ne pourra occasionner un grand préjudice à l'état.

Grace à la révolution Française, l'intérêt personnel lui-même établit le système, le seul qui puisse procurer et aux gouvernés et aux gouvernans l'inviolabilité physique et politique.

Ce systême, certes, c'est le SYSTÉME SOCIAL; c'est le systême absolument conforme à tous les intérêts du genre humain, et qui triomphera de tous les obstacles par sa propre action.

L'ESPRIT PUBLIC, *l'esprit qui s'appuie sur la vérité, l'esprit protecteur des nations,* s'avance majestueusement; il éclaire, il anime le peuple Français; il l'élève au-dessus de tout préjugé anti-social, et proclame : *Chaque homme, si sa raison est cultivée, et si celle de ses concitoyens l'est aussi, offre à la société une responsabilité complète.*

Cette vérité élémentaire conduira les gouvernés et les gouvernans aux autres principes du systême social; elle les conduira donc à *l'unité d'intérêt et d'action,* conséquemment à l'accord indissoluble de la raison publique et de la force publique. *Voyez* vol. V, RÉSULTATS DE L'INSTRUCTION.

USURPATEUR. — L'homme qui exerce la souveraineté, et qui loin de gouverner conformément aux intérêts de la nation, les blesse, est un *usurpateur*. *Voyez* POUVOIR SYSTÉMATIQUE.

VÉRITÉ. — C'est ce qui est démontré.

Il falloit des travaux immenses pour arriver à la connoissance des vérités physiques qui ont été découvertes jusqu'à présent; mais les vérités politiques sont si frappantes, que le bon sens suffit pour ne pas se méprendre dans le rapport des causes aux effets; cependant un égoïsme féroce s'opposoit et s'oppose à la communication des connoissances acquises en morale et en politique. Aussi n'est-ce que par des efforts violens, que les causes politiques ont, à quelques égards, pu être modifiées à l'avantage du genre humain. Ce n'est que de nos jours, que le mode de gouverner par lequel le peuple est autorisé à n'écouter que la raison, et à n'obéir qu'à elle, commence à s'établir. *Voyez* NATURE, PHILOSOPHIE.

VERTU. — C'est la volonté, la faculté et l'habitude de faire ce qui est utile à soi et à autrui.

Les hommes en masse ayant été stupides, et les gouvernemens jusqu'à la fin de ce siècle ne sachant subsister que par l'imposture et par la violence, il falloit que la *vertu* fût infiniment rare ; il falloit, pour lui demeurer fidèle, un effort continuel, un enthousiasme divin.

Aussi l'histoire ne nous présente aucune époque où le pouvoir moral ait existé chez une nation , ait déterminé un peuple à être *vertueux*.

Quel sens a donc le mot *régénération* , que tant et tant d'orateurs emploient ? L'expression *renaissance des lettres* , est juste ; car plusieurs sciences et les belles lettres avoient fleuri en Egypte , en Grèce et en Italie ; conséquemment on pouvoit, on devoit, à l'époque où l'esprit humain recommençoit à cultiver les sciences et les belles-lettres, parler de *leur renaissance* : mais *le pouvoir moral* n'ayant existé encore chez aucune nation, c'est se servir d'une expression inexacte, que de dire *régénérer une nation*.

Formons-nous une idée complète des circonstances que le pouvoir moral, pour s'établir, pour se nationaliser, présuppose , et nous nous convaincrons que, par son essence, il se subordonne les autres pouvoirs; que dès qu'il existera chez un peuple , non-seulement il sera indestructible chez lui , mais que nécessairement il se communiquera aux autres nations.

La

La nation Française ayant cessé d'être su-
perstitieuse, il falloit que les hommes qui
voulurent l'insurger, en appelassent au pouvoir moral; aussi les factieux furent-ils forcés
à bientôt se trahir, à se dévorer les uns les
autres. Les hommes mieux instruits, qui se
sont vus portés à la législature ou au commandement, ont cherché et trouvé leur salut
en obéissant au pouvoir moral.

De-là les succès militaires et diplomatiques
du gouvernement Français; de-là le sentiment
du besoin d'apprendre au peuple lui-même,
au peuple en masse *ce qu'un état civilisé doit
aux individus, ce que les individus doivent
à l'état, et ce que les individus se doivent
mutuellement;* un tel progrès de la civilisation
nécessite la promulgation du principe : *chaque homme, si sa raison est cultivée, et si
celle de ses concitoyens l'est aussi, offre à
la société une responsabilité complète;* et c'est
ce principe qui complète le systême social, et
qui force la politique à s'identifier avec la
morale.

Les écrits de presque tous les publicistes
n'ont présenté que des textes incohérens,
parce que les gouvernemens n'ayant que des
bases monstrueuses, ne pouvoient se conformer aux intérêts des gouvernés : mais l'ins-

T

tinct, mais la nature, pourvu que les hommes
ne soient pas induits en erreur par les plus
funestes exemples et par des autorités absurdes, détermine leur assentiment aux principes du système social, aux principes qui,
ayant pour objet d'établir la plus immédiate
unité d'intérêt entre les gouvernés, les gouvernans et les législateurs, sont, sous tous les
rapports, conformes aux besoins, aux facultés et au vœu du genre humain.

Et dans un état où les principes du système
social seront proclamés, la *vertu publique,
l'amour de la patrie* deviendra un goût, un
besoin national; ce goût et ce besoin favori-
seront l'inclination aux vertus privées, et en
assureront l'accomplissement (*).

Résumons : la *vertu* exige, pour remplir
son objet, une connoissance exacte des facultés et des besoins, des droits et des devoirs
de l'homme; cependant, quelqu'indispensable
que soit cette connoissance, elle ne suffiroit
pas pour décider tous les hommes à être vertueux : mais quand une nation entière, quand
des millions d'hommes acquièrent la connoissance du moyen de se conformer à tous leurs

---

(*) *Voyez* Résultats de l'instruction, vol. V.

véritables intérêts, les circonstances elles-mêmes déterminent l'intérêt personnel à ne point faire à autrui ce que nul ne veut qu'il lui soit fait.

Alors l'action du pouvoir politique lui-même avancera l'instruction dont chaque homme a besoin pour ne pas nuire aux autres ni à soi-même, et elle soumettra tous les peuples civilisés au *pouvoir moral*.

Il importe donc au genre humain, qu'une nation immense et invincible parvienne à s'éclairer assez pour faire naître, par son exemple et par son ascendant, les circonstances qui autorisent et déterminent tous les hommes à obéir au pouvoir moral, à être *vertueux*, à avoir la volonté et à acquérir la faculté et l'habitude de faire ce qui est utile à soi et à autrui.

VICE. — L'homme vicieux est puni de plus d'une manière, et sur-tout par l'habitude que le *vice* lui fait contracter. *Voyez* NATURE.

VŒU INTENTIONNEL. — VŒU MATÉRIEL. — Tant que le peuple ignorera en quoi son véritable intérêt consiste, son *vœu matériel* contrariera son *vœu intentionnel*. Son *vœu intentionnel* n'est autre que le désir de ne jamais oublier ni blesser ses intérêts ; mais l'homme qui est ignorant ne sait pas lui-même ce qui convient à son intérêt, et il est facilement induit en erreur par ceux qui se proposent de le tromper.

Les prêtres et tous les ennemis du peuple, quoiqu'ils prétendent que le peuple est incapable de recevoir l'instruction qui lui seroit nécessaire pour bien entendre ses intérêts, ont cependant voulu ériger en maxime que le corps législatif doit accéder à toutes les demandes du peuple, quand même ses demandes seroient directement opposées à ses intérêts.

Mais les Français, qui ont médité *les facultés et les besoins de l'homme, ses droits et ses devoirs,* constamment fidèles à la cause du genre humain, démontrent que les législateurs doivent distinguer le *vœu matériel* du peuple d'avec son *vœu intentionnel,* et qu'ils doivent résister à son *vœu matériel* s'il contrarie son *vœu intentionnel ;* car son *vœu intentionnel* n'est autre que le desir de ne *jamais oublier ni blesser ses véritables intérêts.*

De même que les instituteurs suivent implicitement le *vœu* de leurs élèves, en établissant et en maintenant les réglemens et la discipline propres à favoriser le développement le plus avantageux aux enfans et aux jeunes gens, tant à l'égard de leurs organes, qu'à l'égard de toutes les facultés qui en dérivent; de même les législateurs et les gouvernans doivent leur sollicitude au peuple, doivent ne point cesser de le ramener à la connoissance de son intérêt, jusqu'à ce qu'une instruction suffisante le préserve de l'erreur.

Cette distinction du *vœu matériel* et du *vœu intentionnel* ne se prête à aucune ambiguité, à aucune surprise; conséquemment elle n'expose à aucune animadversion de la part du peuple. Le peuple reconnoît bientôt des soins dictés et employés par la sagesse. L'instinct même, pourvu qu'il ne soit plus dégradé par le presbytéralisme, avertit le peuple avec promptitude et fidélité de ce qui convient à son bien être et à son véritable intérêt.

Néanmoins on objecte que, sous le prétexte de se conformer au *vœu intentionnel* du peuple, ses législateurs et ses gouvernans se mettent en possession de méconnoître sa volonté, et par-là même de le frustrer de la souveraineté.

Il est un signe qui indique évidemment la mesure de la sagacité, ainsi que de l'intention des législateurs et des gouvernans.

Si les premiers magistrats du peuple contrarient la communication de l'ESPRIT PUBLIC ; si leurs lois et leurs actes ne tendent pas ouvertement à affranchir le peuple de ses préjugés, ainsi que des habitudes qui en dépendent ; si en même-tems le brigandage demeure impuni, nous pouvons, nous devons les accuser de négligence, même de perfidie : mais si, avec assiduité, avec zèle, avec succès ; ils s'occupent de substituer, en tout ce qui concerne le système social, *l'évidence aux opinions ;* si les lois atteignent les prévaricateurs et les complices, nous pouvons, nous devons assurer que nos premiers magistrats méritent bien du peuple Français et du genre humain.

Fin du premier Volume.